# GESTÃO DE
# **FARMÁCIA**
# HOSPITALAR

**Gestão de farmácia hospitalar**

Gustavo Alves Andrade dos Santos

Sarvier, 6ª edição, 2023

**Capa**
Ana Carolina Vidal Xavier

**Impressão e Acabamento**
Digitop Gráfica Editora

**Direitos Reservados**
Nenhuma parte pode ser duplicada ou reproduzida sem expressa autorização do Editor.

**sarvier**
Sarvier Editora de Livros Médicos Ltda.
Avenida Moaci, nº 1543 – Moema
CEP 04083-004 – São Paulo – Brasil
Telefone (11) 5093-6966
sarvier@sarvier.com.br
www.sarvier.com.br

Dados Internacionais de Catalogação na Publicação (CIP)
(Câmara Brasileira do Livro, SP, Brasil)

Santos, Gustavo Alves Andrade dos
   Gestão de farmácia hospitalar / Gustavo Alves Andrade dos Santos. -- 6. ed. rev. atual. -- São Paulo, SP : Sarvier Editora, 2023.

   Bibliografia.
   ISBN 978-65-5686-041-1

   1. Farmácia hospitalar – Administração 2. Hospitais – Administração 3. Logística (Organização) 4. Serviços de saúde – Administração 5. Serviços farmacêuticos I. Título.

23-168036                      CDD-362.1782068

Índices para catálogo sistemático:

1. Farmácia : Gestão : Serviços de saúde    362.1782068

Tábata Alves da Silva – Bibliotecária – CRB-8/925

# GESTÃO DE FARMÁCIA HOSPITALAR

GUSTAVO ALVES ANDRADE DOS SANTOS

6ª edição revista e atualizada

sarvier

# Sumário

| | |
|---|---:|
| Nota do editor | 1 |
| Agradecimentos | 2 |
| Apresentação | 3 |
| Introdução | 4 |
| **1** A instituição hospitalar | 9 |
| **2** Gestão de farmácias hospitalares | 26 |
| **3** Logística dos medicamentos e dos produtos para a saúde | 47 |
| **4** Compras em farmácia hospitalar | 87 |
| **5** Armazenamento | 97 |
| **6** A farmácia hospitalar e as ciências farmacêuticas | 108 |
| **7** Seleção, padronização e produção/manipulação de medicamentos | 138 |
| **8** Dispensação de medicamentos pela farmácia hospitalar | 148 |
| **9** Relacionamento multiprofissional | 161 |
| **10** Atividades clínicas do farmacêutico | 188 |
| Bibliografia | 200 |
| Índice geral | 203 |

# Nota do editor

Gustavo Alves Andrade dos Santos reuniu, aqui, informações fundamentais para auxiliar os profissionais que se dedicam à gestão e implementação de uma farmácia hospitalar.

O livro trata do desenvolvimento dos hospitais ao longo da história, da instituição hospitalar como um todo, das teorias gerais de administração e da sua intersecção com a instituição hospitalar, do processo de logística dos medicamentos, da metodologia ideal de compra de produtos e serviços, do armazenamento de medicamentos, bem como das modalidades de dispensação de materiais e medicamentos, entre diversos outros assuntos.

# Agradecimentos

Nesta importante etapa a ser cumprida, após anos e anos movido sempre por um mesmo ideal, que é o de colocar a profissão farmacêutica no seu lugar de merecimento, não poderia deixar de prestar algumas homenagens a pessoas que tiveram participação direta nas minhas conquistas.

Quando, aos 14 anos de idade, resolvi abandonar a ideia de ser médico veterinário para me tornar farmacêutico, ainda limpava as prateleiras de uma tradicional farmácia no bairro da Casa Verde, em São Paulo, e o farmacêutico, o senhor Cláudio Altavista, foi meu primeiro grande incentivador. Mesmo que não soubesse, suas sábias palavras provocaram em mim o desejo, a vontade de *ser* farmacêutico. Como não citar todos os profissionais, com os quais, tive a honra de trabalhar?

Os auxiliares de farmácia, os farmacêuticos que, por intermédio de seu respeito e colaboração, me animaram cada vez mais a prosseguir. Os professores, colegas de pesquisa, sem contar meus amigos e familiares, que sem dúvida também fazem parte disso. Meus sinceros agradecimentos à Ana Beatriz C. B. Destruti, pessoa incrível, que me deu a primeira grande oportunidade de coordenar e organizar cursos de pós graduação, além de ser uma grande incentivadora e divulgadora do meu trabalho.

Mas nada seria possível sem o amor, a perseverança e a dedicação de meus pais, a quem devo absolutamente tudo o que sou. Minha mãe, dona Belmira; meu pai, seu João: obrigado! Todos os seus esforços valeram a pena.

Quero também ressaltar aquela que assumiu o controle de minha vida, a pessoa que mais me incentiva hoje, aquela que em momentos marcantes tem sido meu ombro amigo e acolhedor, minha esposa Cláudia, que só me traz felicidade. Junto a nós, a criatura mais linda e fantástica da minha vida, a quem dedico cada gota de meu suor: minha filha Gabriela.

# Apresentação

O hospital é uma instituição em que o limite entre a vida e a morte é representado por uma linha tênue, um local onde os opostos são frequentemente vivenciados, pois ali é comum presenciarmos um sorriso estampado no rosto da mãe que acaba de dar à luz e vê seu filho pela primeira vez e, ao mesmo tempo, com tal intensidade, percebermos a tristeza e a emoção de outras pessoas ao perderem entes queridos.

Nesse ambiente de batalhas, algumas vencidas, outras perdidas, destaca-se o papel heroico dos profissionais que dele fazem parte. São indivíduos obstinados, movidos pelos seus ideais que, embora possam divergir quanto à atuação profissional, não deixam de ser o combustível das ações realizadas.

No meio desses batalhadores pela vida está o farmacêutico, aquele ao qual Monteiro Lobato dizia:

> O lema do farmacêutico é o mesmo do soldado: servir. Um serve à pátria, outro serve à humanidade sem nenhuma discriminação de cor ou raça. O farmacêutico é um verdadeiro cidadão do mundo. Porque por maior que sejam a vaidade e o orgulho dos homens, a doença os abate – e é então que o farmacêutico os vê [...].[1]

No hospital servimos a humanidade, representada por um mundo de cores, credos e condições socioeconômicas das mais variadas.

Seja nos bancos de espera dos sempre lotados e procurados hospitais públicos, seja nas modernas instalações de alguns hospitais privados, que mais se parecem com luxuosos hotéis, o farmacêutico deve atingir o mesmo nível de eficiência; deve fazer sua equipe atender com prontidão os pedidos; deve prestar suas fundamentais orientações far macêuticas. Enfim, o farmacêutico é aquele que contribui, generosamente, para o restabelecimento da saúde e para o ressurgimento, em muitos casos, da possibilidade da vida.

Esse é o papel do farmacêutico.

# Introdução

## Um breve histórico dos hospitais

A palavra "hospital" vem do latim *hospitium*, que significa local onde as pessoas se hospedam.

A história dos hospitais se inicia no longínquo Império Romano, no qual surgiram as primeiras instituições de cuidados à saúde. Ali esses cuidados sanitários sempre foram considerados características importantes, bastando dizer que já naquele período a cidade de Roma dispunha de um sistema para condução de detritos e eliminação dos esgotos nos rios. Uma obra sanitária sem sombra de dúvidas.

Segundo Tavares de Sousa, para o abastecimento de água a cidade de Roma possuía catorze aquedutos em um total de 600 quilômetros de extensão, com potencial para uma vazão diária estimada em mais de 500 litros de água por habitante.[2]

O banho também sempre foi um tradicional costume higiênico dos romanos. Entre 334 a.C. e 180 d.C., foram instalados cerca de 1.800 balneários públicos nas cidades do Império Romano. As chamadas *termas* eram divididas em salas para banhos frios, quentes, mornos e tanques para natação.

Os romanos também tinham outros costumes interessantes, do ponto de vista sanitário: a cremação de cadáveres, o consumo de águas minerais, a construção de banheiros públicos, chamados *urinóis*. Mas a assistência aos doentes, de forma oposta aos costumes romanos, possuía características domésticas.

A sociedade romana era estruturada em famílias, sendo atribuição do *pater familias* exercer funções de sacerdote, efetuando orações, invocando rituais, realizando uma espécie de "contato direto" com os deuses.

A atividade profissional conhecida atualmente como medicina era tratada com indiferença, sem qualquer tipo de reconhecimento,

---

[2] Tavares de Sousa, *apud* José Leopoldo Ferreira Antunes, *Hospital: instituição e história social* (São Paulo: Letras & Letras, 1991), p. 30.

e as pessoas que a praticavam eram, em sua maioria, estrangeiros ou gregos tomados como escravos, sempre a serviço das grandes famílias. Entretanto, a crescente atuação dos *servus medicus* e a confiança em seus serviços fizeram a resistência até então encontrada ser aos poucos vencida, até que, em 46 a.C., o imperador Júlio César, sensível ao novo movimento e pressionado por uma incrível epidemia, passou a conceder a cidadania romana aos médicos que ali atuavam.

Foi exatamente nessa época, entre os séculos I a.C. e I d.C., que se instalaram em Roma as primeiras instituições médicas dedicadas ao isolamento dos doentes. Eram os valetudinários, hospitais militares que muitos consideram como precursores dos hospitais ocidentais.

Curiosamente localizados um pouco distantes dos grandes centros romanos, esses hospitais abrigavam entre 180 e 200 pessoas, e cada quarto continha espaço para três leitos. A atribuição dos valetudinários era prover abrigo e alimentar os doentes, com o objetivo de restabelecer sua saúde. Seu surgimento foi determinado por motivos de ordem militar e econômica, relativos aos objetivos e à estrutura da sociedade romana.

No período seguinte, logo após o início do século IV, começaram a surgir alguns estabelecimentos de atenção à saúde, que se destinavam a abrigar e prestar cuidados aos doentes. Esses locais foram fundados pelo clero e seguiam o costume cristão de abrigar os necessitados.

As sete tarefas da caridade cristã eram:
- alimentar os famintos;
- saciar quem tivesse sede;
- hospedar os estrangeiros;
- agasalhar quem tivesse frio;
- cuidar dos enfermos;
- visitar os presos;
- sepultar os mortos.

Hospitais valetudinários eram modestas enfermarias para o atendimento dos gladiadores romanos, construídas próximo aos locais de guerra e arenas de combate. Acredita-se, hoje, que os valetudinários deram origem à Cruz Vermelha Internacional.

O crescimento desses estabelecimentos foi rápido. Acredita-se que a vasta e variada instrução do alto clero foi um dos motivos para tal avanço. Assim, em cada cidade que houvesse um bispo era erguido um hospital. Quando o imperador Justiniano governou o Império Romano (de 527 a 565), estabeleceu regras para essas instituições, criando o chamado Código Justiniano.

Foi assim que se definiram os *brephotrophia* (destinados às crianças rejeitadas pelos pais), os *orphanotrophia* (para órfãos), os *gerontodochia* (para idosos), os *ptocotrophia* (destinados aos pobres e desamparados), os *xenodochia*, que depois seriam denominados *hospitium* (destinados aos estrangeiros), os *lobotrophia* (para os inválidos e leprosos), e, finalmente, os *nosocomia*, que recebiam doentes em geral. Vale a pena ressaltar que os *nosocomia* são os que mais se aproximam do que chamamos hoje de hospital. É comum, por exemplo, encontrarmos em alguns hospitais a terminologia *infecção nosocomial*, em vez de *infecção hospitalar*.

> Na Europa, o primeiro nosocômio surgiu entre os anos 380 e 400 na periferia de Roma. A seguir uma das primeiras definições de hospital, com forte ligação à religiosidade.

Uma casa de campo para receber pessoas doentes, enfermas e desafortu- nadas que foram afastadas do convívio público; onde elas seriam providas de alimentação regular e dos remédios necessários.[3]

Entre os anos 480 e 547, São Bento de Núrsia funda o Mosteiro de Monte Cassino, fato que se espalhou por toda a Europa. Mais tarde, por volta dos séculos VI e IX, inspirados pela ordem de São Bento, grandes mosteiros foram fundados. Todos os conventos europeus desse período organizaram a instalação de nosocômios para recepção dos doentes. Como exemplo destacamos os conventos beneditinos.

Coincidentemente, nessa mesma época, a medicina praticada por "não médicos" reduziu substancialmente. Os monges estudavam e praticavam a medicina, cultivavam ervas que acreditavam possuir propriedades terapêuticas e os antigos tratados médicos de medicina eram revistos e profundamente estudados. Há que destacar, ainda, que os conhecimentos sobre terapêutica, patologia, sinais e sintomas, diagnósticos e agentes etiológicos praticamente não existiam; obvia- mente eram bastante limitados os recursos de saúde disponíveis. Mesmo assim os religiosos se agarravam a eles.

A palavra *hospital* foi empregada graças ao Concílio de Aachen (Aix-la-Chapelle), realizado no ano 816; nele, o termo grego *no-*

---

[3] Nathaniel Faxon, *apud* José Leopoldo Ferreira Antunes, *Hospital: instituição e história social* (São Paulo: Letras & Letras, 1991), p. 43.

*sokhomeion* foi traduzido para o latim. Além disso, tornou-se obrigatório que todos os bispos construíssem, em suas dioceses, um hospital *(hospitalis pauperum)*. Houve, inclusive, confusão quanto aos aspectos físicos desses nosocômios, tal a semelhança que essas construções tinham com as igrejas da época.

Esses hospitais cristãos tiveram seu ápice nos séculos XII e XIII, mas começaram a declinar de forma rápida quando se transformaram em instituições públicas para prestação de serviços sociais, administradas por leigos, não por profissionais da área da saúde, como atualmente. Os hospitais foram se multiplicando, e entre as razões para seu crescimento podemos destacar os feridos em combate (as Cruzadas), os grandes movimentos de peregrinação movidos pelo fervor religioso, o aparecimento das atividades mercantis que estimularam o desenvolvimento das cidades, o surgimento de novas rotas de comércio, o enriquecimento dos mosteiros, pandemias – como a lepra entre os séculos XI e XIV – e a peste bubônica, além de outros motivos.

O trecho a seguir, retirado da *Bíblia*, descreve bem o período em que os hospitais tinham como principal objetivo a separação dos indivíduos sãos dos doentes, o que caracteriza que esses estabelecimentos de "saúde" não somente assistiam, como também isolavam.

> Todo o homem atingido da lepra terá suas vestes rasgadas e a cabeça descoberta; cobrirá a barba e exclamará: Impuro! Impuro! Enquanto durar o seu mal, ele será impuro.
> É impuro; habitará só e a sua habitação será fora do acampamento.[4]

Como os leprosos eram expulsos do convívio social, não demoraram a surgir os primeiros leprosários, ainda no século XI. Segundo a publicação de Nathaniel Faxon, somente na Grã-Bretanha, no século XII, eram 220 leprosários, enquanto na França esse número chegou a 2 mil, e, no período medieval, a quase 19 mil em toda a Europa. Já durante o período das pestes, os hospitais, de forma gradativa, passaram das mãos dos religiosos para o comando do poder público.

Com o surgimento do estado, algumas características estruturais já podem ser observadas.

Os cuidados voltados exclusivamente para o amparo aos desabrigados, assistência aos pobres e famintos, foram acrescidos de ser-

---

[4] Levítico 13: 45-46.

viços médicos. Sim, a medicina começava a se fazer presente nas instituições hospitalares, principalmente a partir do século XIV.

O serviço médico até então não fazia parte do atendimento hospitalar, e por mais incoerente que isso possa ser, a inserção do médico foi considerada uma conquista, pois se acreditava que, com seus ser- viços, o tempo de permanência dos pacientes nas unidades hospitalares poderia ser reduzido. A presença de médicos também poderia permitir um amplo e fértil campo para as pesquisas.

Somente a partir do século XVII é que essas instituições passaram a dar prioridade às tarefas de cuidados e tratamento das doenças, algo muito próximo daquilo que atualmente é realizado pelos hospitais.

No Brasil, o cuidado com os doentes já se inseria na preocupação das comunidades portuguesas em nossa colonização. Em 1485, uma bula do papa Inocêncio VII autorizava em cada cidade portuguesa a instalação de um pequeno hospital. No ano 1494, na cidade de Lisboa, foi inaugurado o Hospital Real de São José, que recebia cuidados da Irmandade de Nossa Senhora da Misericórdia.

Um pouco mais tarde, entre 1538 e 1543, era inaugurada por Brás Cubas, em Santos, cidade de São Paulo, a Santa Casa de Misericórdia de Santos, a primeira santa casa brasileira e um dos primeiros hospitais gerais do Brasil. Também entre 1590 e 1599 surgia a Santa Casa de Misericórdia de São Paulo.

Mais tarde, por volta dos anos 1876 e 1880 foi inaugurado o Hospital de Isolamento da Capital, atual Emílio Ribas, em São Paulo, que seguia os preceitos dos primeiros hospitais europeus, já com mudanças marcantes, como a introdução do profissional médico.

Em suma, sabemos que o conceito da instituição hospitalar sofreu grande variação desde seus primórdios até os dias de hoje. Os objetivos, a atuação, a complexidade dos tratamentos, o público-alvo, os profissionais colaboradores e o arsenal terapêutico sofreram grandes mudanças ao longo desses últimos séculos. Com isso, passaremos, a seguir, às definições e ao estudo da farmácia hospitalar na atualidade.

# 1 A Instituição hospitalar

Vejamos alguns conceitos de uma instituição hospitalar.

No Brasil, pelo Decreto nº 37.773 de 18 de agosto de 1955, o hospital é definido como "instituição destinada a internar, para diagnóstico e tratamento, pessoas que necessitam de assistência médica e cuidados constantes de enfermagem".

Podemos observar que essa definição é bastante evasiva e omite outros aspectos importantes do hospital.

Em 1957, a Organização Mundial da Saúde (OMS) afirmava, por meio do relatório 122, que o hospital deve ser um componente da organização médico-social, cuja função consiste em assegurar assistência médica complexa, curativa e preventiva a determinada população, e que seus serviços externos devem irradiar até a célula familiar considerada em seu meio.

A OMS também nos fornece a definição do que se entende por saúde: "um estado de completo bem-estar físico, mental e social e não meramente a ausência de doença".[5]

No que diz respeito aos hospitais, a questão de maior importância no conceito fornecido pela OMS é de que se tratam de estabelecimentos integrantes do sistema de saúde, com toda a sua complexidade; portanto, não podemos entender que os hospitais sejam somente edificações geralmente procuradas apenas para o restabelecimento da saúde ou cura de alguma doença.

A rede da qual o hospital faz parte é compreendida pelos chamados serviços primários e secundários de atendimento à saúde.

No entanto, o hospital tem objetivos mais complexos do que simplesmente curar.

Os objetivos básicos do hospital são:
- *profilaxia e prevenção de doenças* – o sistema de saúde, por meio da estrutura primária de atendimento, que são os postos ou unidades básicas de saúde, deve promover programas que visem reduzir a incidência de várias doenças, ou mesmo bani-las do território brasileiro.

---
[5] Rockwell Schulz & Alton Johnson, *Administração de hospitais* (São Paulo: Pioneira, 1979), p. 3.

Em alguns casos, a profilaxia objetiva reduzir a morbidade tão somente por meio de programas de prevenção de doenças infectocontagiosas, educação sanitária, programas de pré-natal, higiene bucal, incentivo à prática de exercícios, etc.

Atualmente, com o conceito de atenção e assistência farmacêutica, o sistema de saúde utiliza o profissional farmacêutico para exercer esse trabalho, e os resultados desse e de outros programas beneficiam diretamente o cidadão, um provável candidato a alguma enfermidade que poderia ter sido evitada. Com isso, os cofres da União, mesmo desembolsando cifras altas para campanhas de prevenção, deixam de gastar muito mais lá na frente, quando o cidadão, já doente, vier procurar os postos de saúde.

O governo federal vem investindo, cada vez mais, em campanhas segmentadas (diabetes, hipertensão arterial, gripe no idoso, etc.), porque sabe o quão rentável isso pode significar no futuro.

- *diagnóstico e restabelecimento da saúde: cura* – significa atingir o objetivo máximo: curar o paciente.

De que forma isso pode acontecer? Valendo-se de um diagnóstico da doença existente.

Esse diagnóstico pode ser:

- *clínico* – envolve conhecimento do médico, empirismo, prática clínica, necessidade de rapidez na identificação da doença, etc.;
- *por meio de exames laboratoriais, raios X, tomografia computadorizada, ultrassonografia, ressonância nuclear magnética*, etc.

Vale dizer que, no caso da solicitação de exames, atenção especial vem sendo dada pelos convênios médicos e seguros de saúde quanto à real necessidade de que alguns exames sejam solicitados.

O atendimento médico fica encarecido com solicitações desnecessárias e encaminhamentos que poderiam ser evitados.

O diagnóstico clínico é importante e, muitas vezes, imprescindível. Entretanto, há evidências de que muitas condutas de tratamento que desprezam a solicitação de exames, e que podem trazer maior exatidão, são adotadas.

O tratamento e a cura podem ainda ser possíveis por meio de intervenção cirúrgica (emergencial ou eletiva), admissão no pronto-socorro ou ambulatório e formas alternativas de tratamento, que não a farmacoterapia (fisioterapia, dietas, etc.). Vale lembrar que a farmacoterapia está presente em aproximadamente 75% das terapias adotadas.

- *ensino* – os hospitais são importantes centros de formação profissional para aqueles que trabalham na área da saúde. Pode-se dizer que os hospitais-escola e as santas casas de misericórdia configuram-se em locais de lapidação e formação de profissionais das áreas de medicina, enfermagem, farmácia, fisioterapia, nutrição, odontologia, etc.

Como poderia um profissional que pertence à área da saúde exercer suas funções sem ter passado, no mínimo, por um estágio em um hospital? Talvez a necessidade desse aprendizado seja discutível, porém nesse caso será fácil concluir que o enriquecimento obtido para a carreira é incalculável.

- *pesquisa* – os hospitais são importantes centros de pesquisa e, pelo simples fato de acomodarem de forma permanente um universo variado de pacientes e patologias, oferecem amplas possibilidades de estudos aos profissionais que lá atuam.

No caso específico da farmácia e dos medicamentos, quantas surpresas agradáveis ocorrem quando é contatada a versatilidade que algumas drogas possuem, até mesmo por ações não preconizadas nos estudos clínicos, mas relatadas nas unidades de internação. Podem surgir medicamentos *off label* nestas situações.

Características importantes de um hospital:
- serviços de atenção e tratamento personalizados a cada paciente, não havendo uniformização, a não ser nos procedimentos;
- dependência da demanda da sua comunidade, seja uma região, seja uma cidade, etc.;
- situações de emergência exigem cada vez mais o aperfeiçoamento da prestação do serviço; portanto é necessária máxima eficiência e baixa tolerância a erros;
- a produção que existe no hospital é de pessoas tratando pessoas, além da própria geração do conhecimento, algo inerente ao hospital enquanto organização de saúde;
- como em um hospital existem várias linhas de autoridade, o comando parte de várias lideranças (chefias);
- a formalidade é uma característica importante dos hospitais, tornando-os burocráticos;
- o resultado alcançado por um hospital é medido pela sua eficiência.

Níveis de atendimento à saúde no Brasil:
- *primário* – postos de saúde, pronto-atendimento, centros médicos ambulatoriais, unidades especiais de atendimento;
- *secundário* – pequenos hospitais do governo, centros de diagnóstico;
- *terciário* – hospitais-escola (universidades) e hospitais particulares;
- *quaternário* – centros hospitalares com tecnologia de ponta.

## Atenção à saúde

Os objetivos da prestação de serviços de saúde devem ser definidos sob diversas circunstâncias. Assim, o sistema de saúde deve oferecer ao paciente:

- *acesso ao serviço de saúde* – no Brasil, boa parte da população sofre com o acesso ao atendimento médico.
- *uso do serviço* – amplitude e variedade para propiciar o uso de todo o sistema de saúde.
- *qualidade do atendimento* – alguns hospitais brasileiros buscam incorporar ferramentas da qualidade, como certificação ISO*, acreditação hospitalar (Joint Commission, ONA, Qmentum, etc., mas infelizmente muitos hospitais públicos carecem de serviços prestados com excelência. Dessa forma, o atendimento é ineficiente e precário. A exceção se dá nos hospitais-escola das universidades públicas.
- *autonomia direta e dignidade* – o paciente-cidadão deve ter o direito de escolher o local, o médico, enfim, o profissional que irá atendê-lo. Quanto à dignidade, é algo mais do que obrigatório e concebível.

Esses objetivos tendem a se complementar de forma que se mostrem interdependentes. No entanto, devem possuir características para que sejam desempenhados adequadamente.

As características necessárias para uma boa prestação de serviços são:

- *alta qualidade* – comum no nível quaternário de atendimento à saúde. A tecnologia no âmbito da saúde é imprescindível e muitas vezes pode ser a linha tênue que separa a sobrevivência da fatalidade. Os recursos disponíveis na medicina moderna tornam possíveis manobras e procedimentos que até a pouco tempo eram impossíveis.
- *acessibilidade e disponibilidade* – os serviços oferecidos devem ser completos e estar disponíveis a todos os pacientes.

Em um país continental como o Brasil, de diferenças socioeconômicas manifestas, existe um grande desnivelamento, mesmo nos hospitais particulares, na quantidade de profissionais, de equipamentos e de recursos de uma forma geral.

- *eficiência* – atender a uma necessidade não significa utilizar-se de recursos mais caros, pagar os melhores salários ou adotar antibióticos de maior espectro. O atendimento deve ser racional e com o menor custo possível.

---

* Identificação da International Organization for Standardization.

- *satisfação no atendimento* – é uma resposta que deve ocorrer pela excelência do serviço prestado.
  Os hospitais buscam muito mais do que apenas "tratar aquele doente", desejando também oferecer-lhe a melhor estada possível. É algo muito próximo à hotelaria.
- *efetividade* – produto da relação pessoas *versus* equipamentos *versus* recursos.
- *responsabilidade profissional e social* – a simples adoção *ipsis litteris* do código de ética profissional pode dar a segurança de um serviço responsável. Atualmente a agenda ESG (*environmental, social and Governance*)tem trazido sólidas contribuições a esta pauta.

## Classificação dos hospitais: principais parâmetros

De acordo com o regime jurídico, os hospitais podem ser:

*público* – administração direta ou indireta, pertencente ao governo federal, ao estado ou ao município. Quando se tratar de administração indireta, configurará as chamadas autarquias, havendo maior flexibilidade em relação à gestão direta do governo. Nessa condição, os funcionários são registrados de acordo com a Consolidação das Leis do Trabalho (CLT), diferentemente da administração direta, na qual isso não ocorre. Os hospitais públicos fazem as suas aquisições seguindo regras estabelecidas na Lei nº 8.666, a qual será discutida em um capítulo especial.

- *privado* – esse tipo de hospital, assim como o público, é considerado uma empresa, tendo como objetivo a obtenção do lucro. As atividades econômicas objetivam ganhos, o que significa que o resultado apurado entre as despesas e as receitas advindas dos serviços prestados deve ser positivo.

Nos hospitais privados, assim como nas empresas comerciais, a sobrevivência se dá somente se houver viabilidade, sendo o fator econômico preponderante. Já nos hospitais públicos isso nem sempre ocorre, ou seja, o subsídio governamental pode, em muitos casos, encobrir hospitais inviáveis, mal geridos e deficitários.

As entidades privadas não lucrativas serão as filantrópicas ou beneficentes.

Nas entidades filantrópicas, os diretores não são remunerados, parte da lotação do hospital deve ser destinada gratuitamente ao atendimento e todo o lucro apurado deve ser reaplicado na própria instituição na compra de máquinas, em reformas, na manutenção preventiva, no investimento em treinamentos, etc.

Os hospitais beneficentes são aqueles que foram projetados por grupos específicos de pessoas (etnias), recebendo contribuições regulares de seus mantenedores, e também reaplicando os lucros obtidos na instituição.

No Brasil há grandes hospitais que se encaixam nesse modelo. Entretanto, seu atendimento é aberto a toda a população, não se restringindo apenas ao grupo que o concebeu.

De acordo com o porte o hospital pode ser:

- *pequeno* – menor que cinquenta leitos.

São hospitais de atendimento a doenças crônicas, clínicas, maternidades, quase nenhum hospital geral (a maioria sem centro cirúrgico). Trata-se, portanto, de hospitais de pequena dimensão, com ou sem pronto-socorro.

- *médio* – 51 a duzentos leitos.

Muito provavelmente é a maioria no Brasil. Variam de pequena a alta complexidade, com pronto-socorro, centro cirúrgico e, em alguns casos, hospital-dia e ambulatório de pronto-atendimento; além disso, unidades de terapia intensiva (UTIs) e semi-UTIs são praticamente comuns nesses hospitais.

- *grande* – 201 a quinhentos leitos.

Possuem perfil similar aos de médio porte. Quando não forem particulares, serão públicos, mas de referência, salvo raras exceções.

- *porte extra* – acima de 501 leitos.

Alguns hospitais universitários são de porte extra. Como característica marcante podemos destacar a grande variedade de serviços e a complexa gestão e controle.

De acordo com o tipo de serviço o hospital pode ser:

- *geral* – atende a maioria das especialidades médicas. Basicamente, terá maternidade, UTI, berçário, pronto-socorro e demais clínicas. Pode, ainda, ter sua atuação limitada a um grupo etário (hospital pediátrico) ou destinado à determinada camada da população (hospital militar).
- *especializado* – destinado a atender um tipo específico de clínica. Tem condições, obviamente, de prestar os primeiros socorros em casos de emergência.

De acordo com o corpo clínico o hospital pode ser:

- *fechado* – os médicos são funcionários diretos do hospital (entidade mantenedora) e estão diariamente na instituição em horários regulares. A remuneração é paga diretamente pelo hospital contratante, onde esse profissional atua.

Para o hospital, sob o aspecto mercadológico, há desvantagens quando comparado ao sistema aberto. Para a farmácia, no entanto, é algo bastante positivo, dada a fidelização à padronização de medicamentos. O mesmo acontece em relação a processos, mas esse âmbito é de interesse do hospital.

- *aberto* – os médicos prestam seu serviço na unidade hospitalar, porém sem vínculo empregatício. As despesas com salários e encargos tendem a ser inferiores se comparadas com o modelo fechado, mas, sem dúvida alguma, a principal diferença é que, sendo os médicos externos, eles são geradores de negócios e receitas para a unidade, pois podem trazer pacientes e procedimentos que muitas vezes não viriam de forma natural. É muito comum um hospital de atendimento a convênios fazer parte de uma rede credenciada. Assim, os médicos que ali atuam deslocam-se para vários hospitais, fazendo, dessa forma, o papel de intermediadores e multiplicadores dos serviços dos hospitais. Um médico do norte do país, por exemplo, pode trazer seu paciente para fazer um transplante de medula ou uma cirurgia cardíaca em um hospital de referência no eixo Rio–São Paulo.
- *semiaberto (ou misto)* – junção dos modelos apresentados, bastante vantajoso e uma opção viável, já que muitos hospitais têm seus próprios médicos, mas atendem convênios externos, ou seja, médicos de outras empresas.

De acordo com a edificação o hospital pode ser:

- *pavilhonar* – formado por várias edificações de pequeno porte, tendo em média três andares cada. No entanto, toda unidade hospitalar que se desmembra em várias edículas, independentemente do tamanho, deve se preocupar com o fluxo de pessoas e materiais.
- *monobloco* – pode ser um edifício com um único bloco. Requer atenção especial ao posicionamento de serviços essenciais (pronto-socorro, UTI, centro cirúrgico, etc.).
- *multibloco* – várias edificações de médio ou grande porte. Algumas santas casas de misericórdia possuem esse formato. Por exemplo, o maior complexo hospitalar da América Latina, o Hospital das Clínicas da Faculdade de Medicina da Universidade de São Paulo (HCFMUSP).
- *horizontal* – um único bloco, não verticalizado, que ocupa uma área muito grande. É pouco vantajoso, principalmente em uma época na qual espaços são disputados nos hospitais.
- *vertical* – edifício que pode ser de grande porte, comum nas áreas centrais de grandes cidades, e com pouca área ocupada. A exemplo

dos hospitais pavilhonares, precisa encontrar alternativas para o fluxo, pois dependerá de elevadores.

Quanto ao zoneamento o hospital pode ser:

- *unidade sanitária* – com aproximadamente quarenta leitos, prioriza assistência médica, cirurgias de pequeno porte (eletivas) e maternidade.
- *regional ou distrital* – com capacidade ocupacional ao redor de 250 leitos, possui características de hospital geral.
- *hospital de base* – similar ao regional, além de coordenar serviços médico-hospitalares de uma região.
- *de ensino médico* – similar ao hospital de base, porém com atividades de escola médica.

Além das especialidades comumente conhecidas, e de acordo com a complexidade da unidade hospitalar, podemos destacar alguns serviços especializados que podem ser oferecidos pelo hospital:

- anatomia patológica/citopatologia;
- atenção à epilepsia;
- atenção à tuberculose;
- atenção psicossocial;
- busca ativa de doador de tecidos;
- cardiologia (alta complexidade);
- cirurgia bariátrica;
- densitometria óssea;
- hemodinâmica;
- hospital-dia;
- implante coclear;
- internação domiciliar (*home care*);
- má-formação lábio palatal;
- medicina nuclear;
- neurocirurgia (alta complexidade);
- parto de alto risco;
- terapia renal substitutiva (TRS);
- transplante de medula óssea (TMO);
- outros.

## Organização interna do hospital

Assim como uma empresa que possui diversos departamentos, o hospital não é diferente. Desmembra-se também em muitos setores, para que, de forma coordenada, execute os serviços a que se dispõe.

Apesar disso, é preciso deixar bem claro que existem alguns departamentos imprescindíveis ao funcionamento do hospital, e que a partir deles seguirá a árvore do organograma hospitalar.

Esses departamentos são:
- conselho diretor;
- corpo clínico;
- enfermagem.

Abaixo dessas divisões seguem vários outros setores, como veremos mais adiante, na abordagem sobre organogramas.

## Conselho e/ou administração

O conselho terá um representante à sua frente, que será o superintendente ou o próprio administrador do hospital.

Em ambos os casos, delegar-se-á responsabilidades e atribuições às lideranças do hospital.

O papel do administrador na qualidade de gestor é, basicamente:
- traduzir as políticas da empresa ao corpo de líderes;
- ser o responsável formal pelo hospital, no que diz respeito ao controle e manutenção da organização (empresa);
- estabelecer metas e objetivos para a instituição;
- estabelecer o planejamento estratégico institucional;
- aprovar/reprovar planos;
- cooperar com a diretoria clínica para a formação de um corpo de médicos qualificado;
- sedimentar a filosofia e os conceitos de missão, visão, valores e objetivos para todos os comandados;
- exercer liderança.

A Associação Americana de Hospitais descreve o conselho como:

> O Conselho de Administração do Hospital representa cada indivíduo da comunidade.
> É o braço formulador de diretrizes de ação do hospital e traça as suas rotas presentes e futuras [...].
> O conselho é a verdadeira essência do sistema do hospital.[6]

O conselho deve realizar reuniões periódicas para avaliar a gestão hospitalar, rever os relatórios emitidos pelo corpo clínico, estar ciente

---
[6] *Ibid.*, p. 54.

dos índices de satisfação do cliente, bem como introduzir mudanças bruscas na condução do hospital, quando for necessário.

### MEMBROS DO CONSELHO

Em hospitais particulares, são os proprietários ou indivíduos fortemente ligados a eles.

Nas entidades públicas, além de colaboradores diretos, é comum pessoas da comunidade local integrarem o conselho. Em instituições filantrópicas, porém, pela natureza de sua existência, pessoas ligadas à Igreja, ou mesmo os padres, integram o conselho.

## Corpo clínico

"A maioria dos hospitais é de fato dirigida pelos médicos."[7]

Essa citação nos mostra que na realidade o médico é um hóspede do hospital. Pode parecer confuso, mas é o que ocorre. Os médicos são os profissionais que admitem, tratam e dispensam os clientes (pacientes) do hospital. Estão presentes em todas as unidades, 24 horas por dia, e detêm o poder e a autonomia de iniciar, reiniciar ou encerrar um tratamento/atendimento médico.

A grande discussão, porém, é se os médicos devem se restringir a questões técnicas e deixar de lado a grande influência que suas condutas têm na administração hospitalar.

Existem alguns motivos para essa falta de participação na gestão administrativa de um hospital:

- desinteresse pela área, provavelmente por achar contrastante com o objetivo-fim do médico: salvar vidas;
- os médicos dizem que falta tempo para se dedicarem a essas tarefas administrativas;
- a maioria não tem preparo para desempenhar essas tarefas.

Independentemente de qualquer coisa, o corpo clínico de um hospital é uma de suas bases de sustentação, dada a importância que os médicos apresentam.

O diretor clínico é o profissional que se posta à frente dos demais integrantes e exerce função de comando e liderança. Dada sua exposição e importância, deve agrupar conhecimento, experiência e respeito dos demais colegas. Em alguns hospitais, é ele que é chamado, também, de diretor técnico. Nesse caso, assume funções administrativas que divide com o administrador hospitalar.

---

[7] *Ibid.*, p. 79.

As funções de um diretor clínico podem resumir-se em:
- assegurar que as condutas médicas sejam pautadas em ética e conhecimento;
- recomendar ações à administração superior nos assuntos de natureza técnico-administrativas;
- tomar medidas de advertência e correção nas situações de erro/equívoco;
- participar das diversas comissões hospitalares;
- estar sempre informado, "em tempo real", sobre as principais intercorrências em andamento na unidade.

O corpo clínico também pode formar comissões de controle da prática profissional, tais como:
- *Comissão de Credenciamento e Desempenho* – avalia a qualificação e acompanha a evolução dos médicos candidatos a serem contratados;
- *Comissão de Auditoria Médica* – preocupa-se com a qualidade do atendimento médico;
- *Comissão de Arquivo Médico* – preocupa-se com o prontuário do paciente;
- *Comissão de Farmácia e Terapêutica* – preocupa-se com a padronização de medicamentos;
- *Comissão de Histopatologia* – preocupa-se com a verificação de peças cirúrgicas;
- *Comissão de Ensino* – verifica a educação continuada dos médicos;
- *Comissão Científica* – preocupa-se com programas de pesquisa e desenvolvimento.

## Enfermagem

Entre os objetivos mais relevantes de um hospital está o da prestação, com excelência, do atendimento ao paciente.

A enfermagem atua direta e ativamente nesse objetivo. Assim como o médico, ela é um dos pilares da instituição hospitalar, dada sua função primordial assistencialista. O corpo de enfermagem executa a ordem médica, seja uma prescrição, seja um procedimento, e viabiliza o atendimento ao paciente. Também participa de algumas comissões hospitalares e representa a maior parte dos funcionários de um hospital.

## Serviços técnicos

### FARMÁCIA HOSPITALAR

Conforme abordagem que será feita em outro capítulo deste livro, a farmácia, do ponto de vista administrativo, abriga o insumo mais caro do hospital: o medicamento.

Devido ao seu valor, requer muito mais do que atenção, ou seja, a forma como será adquirido, armazenado, preparado para a dispensação, os mecanismos de controle de prescrição e outras atividades técnicas que são de domínio do farmacêutico.

A farmácia hospitalar ultrapassa o simples âmbito da distribuição para participar de forma muito mais efetiva da farmacoterapia adotada pelo médico.

O farmacêutico hospitalar pode atuar em parceria com o médico, no sentido de zelar pelo uso racional dos medicamentos, controlar e monitorar as reações adversas aos medicamentos (RAMs) e detectar os problemas relacionados aos medicamentos (PRMs).

Mais adiante abordaremos outros aspectos da farmácia clínica.

No Brasil, a farmácia hospitalar é regulamentada pela Resolução nº 492, de 2008, do Conselho Federal de Farmácia e pela Portaria 4283 do Ministério da Saúde (31/12/2010).

### ALMOXARIFADO

Segundo a ANVISA, trata-se da unidade destinada ao recebimento, guarda, controle e distribuição do material necessário ao funcionamento do estabelecimento de saúde.

A definição dos itens a serem armazenados é estratégica, variando de acordo com o serviço e de unidade para unidade. Muitos serviços de saúde, principalmente os hospitais, estruturam uma espécie de almoxarifado central, chamado de CAF (central de
abastecimento farmacêutico). Ele geralmente é amplo, com capacidade para armazenar grandes quantidades e uma grande variedade de medicamentos e produtos para a saúde. Atualmente, somente hospitais de grande porte e serviços especializados utilizam centrais de armazenamento do tipo CAF. Adiante discutiremos mais especificamente este assunto.

Deve-se ressaltar que os medicamentos armazenados no almoxarifado para posterior distribuição à farmácia hospitalar são de responsabilidade técnica do farmacêutico.

## SERVIÇO DE NUTRIÇÃO E DIETÉTICA (SND)

Até cerca de vinte anos atrás, acreditava-se que a primeira medida a ser tomada, quando da admissão de um doente no hospital, era a de nutri-lo, ou seja, alimentá-lo com o intuito de beneficiá-lo, favorecendo o seu restabelecimento, cooperando com o tratamento.

A nutricionista, figura praticamente desconhecida no meio hospitalar até então, passou a ganhar espaço. Hoje, muitos tabus vêm sendo quebrados no que diz respeito à alimentação intra-hospitalar.

Entre as suas funções, podemos destacar vigilância e participação na prescrição de dietas, avaliação nutricional e preparo de dietas.

## LACTÁRIO

Unidade com área restrita, destinada à limpeza, esterilização, preparo e guarda de mamadeiras e, basicamente, de fórmulas lácteas.

## BANCO DE LEITE

Centro especializado, vinculado a um hospital infantil ou a uma maternidade, responsável pela promoção do aleitamento materno e execução das atividades de coleta, processamento e controle de qualidade de colostro, leite de transição e leite humano maduro para distribuição sob prescrição médica ou de nutricionista.

## CENTRAL DE ESTERILIZAÇÃO DE MATERIAIS

Local destinado à recepção, limpeza, desinfecção, preparo, armazenamento e distribuição de materiais esterilizados.

Pode ou não integrar o centro cirúrgico.

## LABORATÓRIO CLÍNICO

Realização de análises clínicas, servindo como apoio ao diagnóstico médico.

## UNIDADES DE EXAMES

Podemos destacar os setores de tomografia, ressonância magnética, raios X, endoscopia e demais serviços auxiliares de diagnóstico, que também representam suporte à investigação médica para detecção de doenças.

BANCO DE SANGUE

Aloja as bolsas de sangue e demais componentes em condições adequadas à preservação das características dos seus elementos.

É o setor que procede ao recrutamento e à seleção de doadores, e também à coleta, à guarda, ao controle e à distribuição e aplicação do sangue.

Pode possuir um laboratório de hemoterapia, o qual, além das atividades do banco de sangue, realiza o preparo dos derivados do sangue (plaquetas, etc.).

## Outros serviços

### SERVIÇO DE ARQUIVAMENTO MÉDICO (Same)

Também conhecido como serviço de prontuário de paciente (SPP).

É uma unidade destinada à identificação, seleção, guarda, controle e processamento das informações de documentos e de todos os dados clínicos e sociais de pacientes ambulatoriais e internados. Realiza também estatísticas médico-hospitalares. Com o avanço tecnológico, as informações passaram a ser guardadas no sistema de "nuvens" (servidores de arquivos eletrônicos na Internet).

### LAVANDERIA OU SERVIÇO DE PROCESSAMENTO DE ROUPA

Serviço destinado à coleta, pesagem, separação, processamento, lavagem, secagem e esterilização, além do fornecimento e distribuição de roupas em condições de higiene, quantidade e qualidade.

Trata-se de um setor que desempenha funções diretas, com o cliente (paciente), e indiretas, com a enfermagem.

Deve possuir duas áreas distintas no local onde funciona:
- área suja – destinada ao recebimento e lavagem de roupa suja, propriamente dita, ou contaminada.
- área limpa – destinada ao tratamento da roupa.

Tem sido observado, que em muitos hospitais, a lavanderia passa a ser um serviço terceirizado.

### FATURAMENTO/TESOURARIA

Setor responsável pela cobrança dos serviços hospitalares prestados ao paciente, direta ou indiretamente (convênios).

Esses custos podem envolver exames, consultas, internações, equipamentos de órtese/prótese, administração de medicamentos etc.

O faturamento está ligado à tesouraria e depende diretamente da eficiência de outros setores envolvidos com o atendimento ao paciente, tais como corpo clínico, enfermagem e farmácia.

Em qualquer um desses setores, os lançamentos devem ser fiéis ao que foi utilizado. Em caso de divergências a menor, o hospital pode ter prejuízo; se as diferenças forem a maior (cobranças indevidas), pode haver glosa por parte do cliente.

## NECROTÉRIO (MORGUE)

Unidade destinada à guarda e conservação do cadáver até sua remoção ou realização da necropsia.

## SERVIÇO SOCIAL

Setor responsável pelo atendimento prestado ao paciente e aos seus familiares, no que diz respeito às questões socioeconômicas e reintegração social.

Em alguns hospitais é responsável pela aferição da pesquisa de satisfação dos clientes (internos e externos).

O serviço social se constitui em uma área de vital importância para os pacientes e familiares, justamente por prestar auxílio e apoio nas agruras diárias de um hospital.

## TECNOLOGIA DA INFORMAÇÃO (TI)

Setor responsável pela implantação e coordenação dos sistemas de informação nos hospitais. Desempenha papel estratégico nessas instituições, já que muitas ações implantadas em um hospital dependem da área de TI para a infraestrutura ou para a automação dos processos. Dessa forma, a TI influencia indiretamente no resultado dos serviços prestados.

Nos hospitais, assim como nas empresas em geral, este setor depende fundamentalmente da gestão de projetos. Hoje em dia seria impossível para uma farmácia hospitalar, que tem a responsabilidade de executar a rastreabilidade dos medicamentos, funcionar sem o apoio da TI. O mesmo se aplica à triagem de prescrições médicas pelo farmacêutico, quando estas são geradas através de prontuário eletrônico (prontuário eletrônico do paciente – PEP) – uma atividade otimizada que vai beneficiar diretamente os pacientes. A TI viabiliza o funcionamento dos ERP (*Enterprise resource planning*), os chamados sistema de gestão integrada, que conectam PEP, logística, faturamento, central de exames, faturamento e demais setores em um único sistema. O ERP é uma forma de sistema operacional na forma de um software, sendo praticamente impossível um hospital nos dias atuais, operar sem a existência de um ERP. Os ERP geralmente são disponibilizados por empresas que negociam a licença de uso do sistema, já que sob o ponto de vista financeiro não é interessante que o hospital desenvolva seu próprio ERP, isso exigiria constância nas atualizações, manutenção, descaracterizando a essência dos serviços desenvolvidos por um hospital.

Na logística das farmácias hospitalares, tema amplamente abordado neste livro, os ERP se conectam a um sistema recém introduzido no mercado varejista, chamado VMI (*Vendor Managed Inventory*). O VMI permite que o(s) fornecedor(es) tenha(m) acesso aos dados do cliente (hospital). Muitas empresas fornecedoras posicionam fisicamente seus estoques em locais geograficamente próximos dos hospitais, possibilitando ressuprimento diários de itens do estoque. Estes itens podem ser por exemplo, produtos da curva A. Mas para que isso ocorra é preciso que uma outra ferramenta permita esta "conversa" entre o ERP e o VMI. Os sistemas de gestão hospitalar mais avançados adotam VMI, pois trata-se de uma estratégia de redução de posições de itens estocados. Mas para que dê certo, o VMI deve estar perfeitamente sincronizado ao ERP, sendo assim, o estoque do hospital precisa também manter acuracidade máxima.

Uma das principais funcionalidades do processo de automação é o "Sistema de Gestão dos pedidos de medicamentos", que torna possível a sincronização das ações de prescrição e logística na gestão hospitalar. As vantagens deste sistema são:

- eliminação do papel (mais agilidade, além de colaborar com a sustentabilidade);
- possibilidade aumentar a comunicação do farmacêutico com toda a equipe multidisciplinar;
- redução dos erros de medicação;
- suporte à decisão clínica.

Entretanto existem também algumas questões que sob a ótica da especificidade podem até ser consideradas como desvantagens:

- o cumprimento das rotinas com exatidão (vários passos que não permitem improviso e isso pode soar como inflexibilidade);
- implementação deve ser lenta;
- requer adequação de funcionários para a execução (quantidade e qualidade).

Um pedido informatizado requer suporte clínico, gestão da padronização dos medicamentos, acurácia dos pedidos e registro eficaz das movimentações (pedidos).

Ainda com respeito a automação, nos últimos anos vem sendo introduzido nas farmácias hospitalares, inclusive do Brasil, dispositivos/equipamentos capazes de agilizar os processos, melhorando de forma expressiva a qualidade dos serviços prestados. Além disso, quando implantados com organização e controles, trazem redução dos gastos e otimização dos recursos.

Dentre estes equipamentos, destacamos os dispensários eletrônicos, máquinas de fracionamento de medicamentos, dispositivos de checagem beira-leito, dentre outros. A robótica também tem demonstrado resultados econômicos muito satisfatórios, já que substitui com perfeição determinados serviços executados até então, somente por humanos. Existem hospitais nos EUA onde robôs fazem o abastecimento de estoques descentralizados e farmácias satélites.

# 2 Gestão de farmácias hospitalares

A farmácia hospitalar é uma unidade técnico-administrativa, que conta também com atividades clínico-assistenciais. Por conta disso, a amplitude de seus serviços e responsabilidades vai além do quesito dispensação.

Cabe a esse setor fornecer todos os medicamentos e produtos para a saúde dentro de um hospital, bem como guardar adequadamente cada um desses itens. Além disso, a farmácia clínica, segmento da farmácia hospitalar, emerge como área do conhecimento capaz de reduzir gastos com medicamentos, melhorar a resolutividade das doenças e trazer benefícios para a qualidade de vida dos pacientes.

As atividades clínicas do farmacêutico, atualmente entendidas como estratégicas, reposicionaram esta profissão à frente dos serviços de saúde, evidenciando seu papel como um dos elementos mais importantes da equipe multiprofissional.

Muito se discute sobre o preparo que o profissional farmacêutico tem recebido na graduação, especialmente no que diz respeito ao quesito *administração*. Essa preocupação se estende a profissionais que, mesmo não sendo farmacêuticos, podem atuar como responsáveis pela área de estoque. Entretanto é bom enfatizar que o termo "administração" passou a ser substituído por uma outra expressão de conceito mais contemporâneo e abrangente: a gestão.

A administração ou gestão de uma farmácia ou almoxarifado hospitalar é algo de grande importância, pois são setores que guardam os insumos mais caros: medicamentos e materiais médico-hospitalares.

A gestão do departamento responsável por esses insumos, seja a farmácia ou o almoxarifado, requer, sem dúvida alguma, um profissional que conheça profundamente os mecanismos de gerenciamento de estoque e que também tenha conhecimentos técnicos e apurados sobre materiais e medicamentos. Naturalmente, o farmacêutico hospitalar deve ser esse profissional. Entretanto, nem sempre quem está no comando das farmácias e dos almoxarifados é o farmacêutico, e quando é, porém, não significa que tenha condições de atuar à frente do estoque.

No capítulo sobre legislação, ficará um pouco mais clara esta questão bastante contemporânea: a responsabilidade técnica do farmacêutico.

A seguir, procuraremos abordar alguns conceitos sobre a administração.

## Administração

"A arte de fazer as coisas por intermédio de pessoas", esse já foi um dos conceitos de administração. Hoje, porém, podemos definir administração como o processo de planejar, organizar, liderar e controlar os esforços realizados pelos membros da organização e o uso de todos os outros recursos organizacionais para alcançar os objetivos estabelecidos.

Podemos dizer que a administração é um processo; isso porque todas as pessoas envolvidas produzem de forma organizada e interdependente.

Para que os modelos administrativos evidenciados nos processos possam ocorrer, é necessário *planejamento*.

Os administradores pensam de forma antecipada nos seus objetivos e nas suas ações, e suas atitudes devem seguir algum plano, jamais empirismos e palpites.

O administrador deve interpretar os objetivos propostos pela empresa e transformá-los em ação empresarial por meio de planejamento, organização, direção e controle.

Um processo administrativo deve ter como base quatro pilares:
- pessoas;
- procedimentos (descrição);
- equipamentos;
- recursos.

Não há como administrar ou gerir sem a participação de pessoas habilitadas, preparadas, engajadas e conscientes do processo do qual fazem parte. O envolvimento dos colaboradores e a consciência do papel que desempenham no processo são fundamentais.

O administrador deve ser acima de tudo um multiplicador, com a capacidade de transformar o grupo em equipe.

Os processos nada mais são do que a descrição, padronização e uniformização dos fluxos de serviço, que fazem todas as atividades serem totalmente coordenadas e exercidas de forma eficiente. Além disso, os processos permitem a auditoria e a revisão constante das rotinas, possibilitando ao administrador efetuar mudanças de rumo e ações corretivas.

A condução do processo administrativo requer:
- organização;
- liderança;
- controle.

## Organização

O processo de organizar reúne pessoas, processos, equipamentos e recursos com a finalidade de alcançar os objetivos da forma mais eficiente possível. Portanto, se em uma farmácia hospitalar pretende-se implantar um sistema de diluição de substâncias estéreis, isso deve ser feito de maneira organizada, com treinamento para a função e com a utilização dos equipamentos necessários, além de ter todas as rotinas descritas, para que se alcance, com êxito, o objetivo final: diluir os estéreis sem contaminá-los.

## Liderança

A principal característica do líder é o poder de influenciar positivamente os seus comandados, motivando-os para que cumpram suas tarefas com eficiência.

O líder deve possuir persuasão, impor-se de maneira natural e criar o melhor ambiente possível para o trabalho.

## Controle

O gestor necessita saber se as tarefas dos seus comandados estão atingindo os objetivos preestabelecidos.

A função de controle envolve a supervisão, identificação e ação sobre prováveis desvios encontrados.

## Administrar com qualidade

W. Edwards Deming[8] escreveu os catorze pontos para administradores que desejam promover a qualidade:
- planejar a longo prazo, não para o próximo mês ou o próximo ano;
- nunca ser complacente quanto à qualidade de seu produto;
- estabelecer um controle estatístico sobre seus processos de produção e exigir que os seus fornecedores façam o mesmo;

---

[8] W. Edwards Deming, "Improvement of Quality and Productivity through Action by Management", em *National Productivity Review*, 1(1), Nova Jersey, inverno de 1981, pp. 12-22.

- negociar com o menor número possível de fornecedores, os melhores, claro;
- descobrir se seus problemas se confinam a partes específicas do processo de produção ou se derivam do processo total;
- treinar os colaboradores para o trabalho que você pede que realizem;
- elevar a qualidade de seus supervisores de linha;
- "eliminar o medo";
- encorajar os departamentos a trabalhar juntos, em vez de se concentrarem na diferenciação entre departamentos ou divisões;
- não adotar objetivos estritamente numéricos, nem mesmo a fórmula popular de "zero" defeitos;
- exigir que seus funcionários façam um trabalho de qualidade, não apenas que fiquem nos seus postos "das 9 às 17 horas";
- treinar seus empregados para que compreendam métodos estatísticos;
- treinar seus empregados em novas habilidades, à medida que surja a necessidade;
- tornar os altos administradores responsáveis pela implementação desses princípios.

Muitos dos pontos citados se encaixam facilmente no dia a dia de uma organização hospitalar, outros são itens de melhoria futura.

## Qualidade

De uma forma geral, e mais especificamente na gestão da saúde, o termo qualidade possui várias aplicabilidades e objetivos a ela atrelados. O conceito de qualidade foi iniciado por Avedis Donabedian, que estabeleceu sete atributos dos cuidados de saúde que definem a sua qualidade: eficácia, efetividade, eficiência, otimização, aceitabilidade, legitimidade e equidade. Todos muito importantes e necessários para a melhor compreensão do conceito de qualidade em saúde. Recentemente, no início do século XXI, o Instituto de Medicina (IOM) dos Estados Unidos passou a incorporar "segurança do paciente", definindo outros seis atributos da qualidade, muito semelhantes à proposta de Donabedian: efetividade, centralidade no paciente, oportunidade do cuidado, eficiência, equidade e segurança do paciente. A Agência Nacional de Saúde Suplementar (ANS), com o propósito de estimular o desenvolvimento dos atributos de qualidade, inseriu como requisito normativo da RN 277 (Programa de Acreditação de Operadoras), a avaliação da rede prestadora de serviços de saúde suplementar.

## O papel do administrador farmacêutico

Muitas vezes o farmacêutico tem dificuldade no exercício da gestão administrativa, pois sua formação é tecnicista, o que nem sempre inclui conhecimentos sobre as relações interpessoais. Ele tende a se especializar nos assuntos técnicos, abdicando-se do oportuno aprofundamento em administração.

Porém, como já vimos, os administradores devem planejar, organizar, liderar e controlar seus departamentos. O seu comportamento, no entanto, não deve ser exatamente a ação técnica que ele aplicará à sua gestão, mas sim a sua marca pessoal, sua forma de conduta.

### QUAIS SÃO ESSAS FORMAS DE CONDUTA?

- *Símbolo* – enfoca a saudação, o cumprimento aos colaboradores e clientes externos.

  O farmacêutico, gestor do departamento no caso da farmácia hospitalar, é o símbolo daquele setor, de tal forma que, se as coisas não forem bem, a responsabilidade recairá sobre ele, mesmo que não seja por sua culpa. Quanto aos bons êxitos, ao sucesso desse departamento, também serão creditados ao gestor, mas o trabalho da equipe sempre será valorizado e atribuído ao chefe.

- *Político* – alianças e sinergismos são necessários em um grupo ou nas relações com setores externos; portanto "fazer política" é importante na conduta administrativa.

  Imagine um presidente da República que decide se mostrar inflexível, sem desejo de formar coalizão, distante dos seus comandados (ministros)... Provavelmente ele não conseguirá comandar e atingir as metas.

- *Coletor de informações* – o gestor deve ter a habilidade de buscar informações que muitas vezes não chegariam a ele de maneira natural. Nesse caso, a rede de contatos pode contribuir.

- *Comunicador* – o gestor precisa passar aos comandados as rotinas, as deliberações, os comunicados e as decisões tomadas. Isso não se faz apenas distribuindo memorandos, mensagens instantâneas ou *e-mails*, deve haver a capacidade de se comunicar. Comunicação é tudo!

- *Líder* – resolver os problemas faz parte de qualquer organização, e em certas situações há pouco tempo para a tomada de decisões. O gestor deve ter a habilidade de raciocinar sob pressão, deve saber administrar em situações de conflito.

O farmacêutico, devidamente habilitado, deve integrar o time de gestão do hospital, fornecendo dados estratégicos para a compilação dos indicadores hospitalares.

## Gestão farmacêutica e os indicadores

O uso de indicadores na farmácia hospitalar é ferramenta de extrema importância, servindo de base para a tomada de decisão e o planejamento estratégico. No hospital, é frequente a gestão baseada nesses indicadores, que se tornaram comuns principalmente após o surgimento dos selos de certificação ou acreditações. Tais acreditações/certificações integram a política de qualidade das organizações de saúde, e desde o final dos anos 1990 passaram a ser um objetivo comum das instituições. Entende-se por acreditação o processo pelo qual a entidade, geralmente não governamental, separada e independente da instituição de saúde, avalia a instituição para determinar se ela obedece a uma série de requisitos (padrões) criados para aperfeiçoar a segurança e a qualidade do cuidado. É um processo voluntário.

Alguns benefícios podem ser obtidos com a acreditação das instituições, pois isso geralmente significa que elas:

- preocupam-se com a segurança do paciente e com a qualidade do atendimento, o que eleva sua credibilidade junto à população;
- proporcionam um ambiente de trabalho seguro e eficiente, que contribui para a satisfação do trabalhador;
- negociam junto às fontes pagadoras, com base em dados relativos à qualidade do cuidado;
- escutam os pacientes e seus familiares, respeitam seus direitos e criam com eles uma parceria no processo de cuidado;
- geram uma cultura aberta a aprender, com relatórios realizados regularmente sobre eventos adversos e questões de segurança;
- estabelecem um estilo de liderança colaborativa que define prioridades e uma liderança contínua que prima pela qualidade e segurança do paciente em todos os níveis.

No Brasil, as acreditações mais frequentemente obtidas pelos serviços de saúde são:

- NBR – ISO – 9001:2000;
- ONA – Organização Nacional de Acreditação;
- CQH – Compromisso com a Qualidade Hospitalar;
- JCI – Joint Commision International;
- Accreditation Canada International;
- QMentum International.

**Importante**: A Joint Commission International (JCI) aplica em muitos países, a metodologia da Joint Commission on Accreditation of Health

Care Organizations (JCAHO), a mesma que coordena a acreditação hospitalar nos EUA. Aqui no Brasil, a JCI opera em conjunto com o Consórcio de Acreditação Brasileira (CBA), que utiliza os padrões americanos para estimular as organizações a alcançarem níveis de excelência por meio de indicadores e educação voltados para a melhoria contínua dos processos.

A instituição chamada de Organização Nacional de Acreditação (ONA) não possui fins lucrativos, sendo responsável pelo desenvolvimento e gestão dos padrões definidos no Manual Brasileiro de Acreditação (MBA). Estes, são revisados a cada quatro anos e disponibilizados para consulta pública antes da sua Publicação. A chancela deste manual é feita pela International Society for Quality in Health Care (ISQUA), por meio de método que avalia e certifica os serviços de saúde de acordo com requisitos fundamentais para o bom funcionamento de uma empresa de saúde: Segurança; Gestão integrada e Excelência em gestão. As avaliações são realizadas por Instituições Acreditadoras Credenciadas (IACs), supervisionadas pela ONA. Conforme o resultado obtido nessa avaliação, o serviço de saúde será classificado nos seguintes níveis de acreditação:

**Nível 1** – Acreditado; Nível 2 – Acreditado Pleno e Nível 3 – Acreditado com Excelência.

Recentemente, na última década, surgiu o Qmentum International, modelo de avaliação de serviços de saúde da Accreditation Canada – Health Standards Organization (HSO). Trata-se de metodologia alinhada com os seguintes princípios: Governança clínica; Equipes de trabalho; Transformação no modelo assistencial; **Dimensões da qualidade Qmentum e Práticas organizacionais obrigatórias (ROPs).** A implantação e manutenção da metodologia no Brasil, **é** de responsabilidade do QGA – Quality Global Alliance. Destacam-se os objetivos abordados no programa: Integração de normas e melhores práticas aprovadas e adotadas internacionalmente; Redução no potencial de ocorrência de incidentes de segurança do paciente; Acompanhamento dos indicadores de desempenho e resultado; Aprimoramento contínuo de padrões de excelência e de melhores práticas; Visão voltada para a o cuidado centrado no paciente.

Infelizmente, atualmente, apenas 7% dos hospitais brasileiros possuem algum tipo de acreditação, uma disparidade incrível, se compararmos a outros países em que a acreditação abrange a maioria das instituições. Sendo assim, existe uma dificuldade muito grande quanto a apuração e reconhecimento de dados que possam aferir qualidade em grande parte dos hospitais do Brasil.

Podemos considerar a acreditação hospitalar como uma forma ou método de avaliação que comprova a segurança e a qualidade da assistência, reconhecida e utilizada em todo o mundo como estratégia de melhoria contínua dos serviços. Em adição, a acreditação é ratificada e recomendada pela Organização Mundial de Saúde (OMS). No Brasil, ocorre sem caráter de fiscalização, assim como na maioria dos países, portanto um processo voluntário e reservado. De forma geral, a acreditação é coordenada por organizações ou agências não-governamentais que estabelecem as normas e padrões a serem atingidos e a metodologia a ser seguida. E é realizada por acreditadoras especializadas que verificam a conformidade das instituições de saúde.

A seguir, seguem dois modelos de tabelas com indicadores hospitalares:

| | |
|---|---|
| Consumo de materiais e medicamentos | R$ 302.671,06 |
| Taxa de ocupação hospitalar | 63% |
| Média de permanência hospitalar | 3,67 dias |
| Internações | 721 |
| Atendimentos de pronto-socorro (PS) | 11.002 |
| Cirurgias realizadas | 340 |

| Consumo por espécie/Classe | Hospital |
|---|---|
| Medicamento | R$ 152.742,53 |
| Material hospitalar | R$ 295.740,17 |
| Material geral | R$ 15.256,53 |
| Serviço de nutrição e dietética (SND) | R$ 5.571,00 |
| Manutenção | R$ 1.135,20 |
| Rouparia | R$ 5.744,06 |
| Medicamentos não padronizados | R$ 52.590,19 |

Alguns outros exemplos de indicadores administrativos:

| Energia consumida | |
|---|---|
| Consumo em kwh | 102.060 |
| Consumo em kwh por paciente/dia | 37,80 |

*(Continua)*

| Energia consumida | |
|---|---|
| Custo mensal energia elétrica | R$ 31.988,87 |
| Custo mensal energia elétrica/leito | R$ 257,00 |
| Custo energia elétrica por paciente/dia | R$ 12,50 |
| **Água consumida** | |
| Consumo em m³ | 2.057 |
| Consumo em m³ por paciente/dia | 0,88 |
| Custo mensal água consumida | R$ 34.000,66 |
| Consumo em m³ (caminhão) | 1.460 |
| Custo com água consumida (caminhão) | R$ 7.002,00 |
| Custo total de água consumida | R$ 41.002,66 |
| Custo mensal de água consumida/leito | R$ 306,51 |
| Custo da água paciente/dia | R$ 14,65 |
| **Hemoterapia** | |
| Custo hemoterapia | R$ 27.318,77 |
| Custo hemoterapia por paciente/dia | R$ 10,22 |

Principais indicadores hospitalares:
- matrícula;
- número de consultas médicas;
- número de internações;
- altas hospitalares;
- número de nascidos vivos;
- óbitos hospitalares, óbitos institucionais, óbitos operatórios e pós-operatórios, óbitos maternos, óbitos fetais;
- censo diário;
- pacientes/dia;
- leitos/dia;
- taxa de mortalidade global.

## INDICADORES NA FARMÁCIA CLÍNICA

Os indicadores medem a eficácia das ações da farmácia clínica, atestando os resultados dos serviços prestados por meio de percentuais ou números. Esses dados são padronizados e coletados rotineiramente, o que permite a comparação dentro e/ou fora do serviço. Eles devem fornecer informações a respeito das características do quesito escolhido para ser monitorado.

É importante que os indicadores possuam:
- padrão no numerador e denominador;
- definição dos leitos hospitalares (exemplo: berçário patológico é considerado leito, berçário normal, não);
- cálculos automáticos (por meio de fórmulas padrão);
- rotina de coleta e revisão sistemática;
- pessoas treinadas a coletar os indicadores.

Na farmácia clínica e hospitalar, os indicadores são cada vez mais exigidos pelas fontes pagadoras, pelos órgãos acreditadores e pelos próprios prestadores. Por isso, é importante que eles sejam:
- *simples e de baixo custo de obtenção* – não precisam gerar grandes complicações para a gestão, embora demandem organização. Precisam ser de formulação simples para que tenham seu significado compreendido.
- *específicos* – devem ser estatisticamente representativos do processo a que se referem, passando uma ideia clara a respeito dos seus resultados. É necessário que permitam a comparação com referências e que tenham estabilidade e rastreabilidade.
- *pertinentes e válidos* – devem estar correlacionados ao fenômeno ou critério que está sendo examinado e devem ser gerados com base em procedimentos. É necessário que identifiquem os fatores críticos do sucesso.

As principais finalidades dos indicadores são:
- analisar o passado, o desempenho do hospital no decorrer do tempo;
- avaliar o desempenho em relação aos demais hospitais;
- auditar/corrigir erros e desvios, bem como aprender com eles;
- prevenir eventos/desfechos adversos;
- estabelecer tendências e metas.

Na farmácia hospitalar, esses indicadores criam parâmetros que permitem o monitoramento do ambiente, da estrutura, dos processos e resultados da farmácia, auxiliando na tomada de decisões para a melhoria contínua e possibilitando a análise de tendências e comparações com referenciais externos e internos. Sem esses indicadores, não há uma avaliação adequada dos desfechos clínicos para a correta tomada de decisão.

Portanto, as vantagens do uso de indicadores em farmácia hospitalar são:

- *melhoria contínua* – contribuem para a qualidade, a produtividade e o aumento da satisfação do cliente, aumentando a competividade e a participação no mercado. Como os indicadores medem a eficiência dos serviços prestados, eles ajudam a demonstrar a confiabilidade e a transparência desses serviços.
- *monitoramento* – indicam a velocidade e a direção das mudanças e medem aspectos qualitativos/quantitativos do mercado.
- *tomada de decisão* – dão suporte à análise crítica dos resultados e ao planejamento. Auxiliam no desdobramento de metas e na aplicação de medidas corretivas e preventivas (prioridades).
- *comparação* – estabelecem padrões, comparações internas e externas ao longo do tempo.

Nas tabelas a seguir estão os principais indicadores utilizados na gestão de uma farmácia hospitalar, alocados segundo sua natureza.

| Gestão | Seleção/padronização |
|---|---|
| ▶ Grau de satisfação dos clientes<br>▶ Cumprimento de metas<br>▶ Participação do farmacêutico nas comissões<br>▶ Nº de funcionários por leito | ▶ Nº reuniões da Comissão de Farmácia e Terapêutica (CFT) por ano<br>▶ Nº de livretos por médicos<br>▶ Nº de inclusões por ano<br>▶ Nº de exclusões por ano<br>▶ Porcentagem de não padronizados<br>▶ Nº de substituições por padronizados |

| Centro de informação de medicamentos (CIM) | Farmacovigilância/Assistência farmacêutica/Farmácia clínica |
|---|---|
| ▶ Total de consultas realizadas<br>▶ Total de consultas passivas<br>▶ Natureza<br>▶ Nº e tipo de informações prestadas<br>▶ Nº de chamadas<br>▶ Não respondidas<br>▶ Tempo de resposta<br>▶ Fontes consultadas<br>▶ Eficácia/adesão<br>▶ Boletins informativos | ▶ Nº de prescrições médicas avaliadas pelo farmacêutico<br>▶ Nº de intervenções farmacêuticas<br>▶ Adesão do médico à intervenção<br>▶ Eficácia da intervenção<br>▶ Detecção de reações adversas a medicamentos (RAM)<br>▶ Nº de RAMs por período<br>▶ Porcentagem de problemas relacionados a medicamentos (PRM)<br>▶ Nº e tipos de erros de medicamentos (EM) |

### Logística

- Compras não programadas
- Compras de não padrão
- Ajuste de consumo
- Giro
- Faltas
- Perdas por desvio, obsolescência e vencimento
- Inconsistências
- Nº de inventários por ano
- Custo dos acertos
- Saídas/entradas
- Erros detectados
- Tempo médio de atendimento

### Farmacotécnica

- Nº de controles de qualidade microbiológicos realizados
- Adesão aos protocolos de produção
- Acondicionamento
- Produção de fracionados/misturas intravenosas

### Ensino/Pesquisa

- Participação em congressos nacionais e internacionais
- Publicações
- Palestras realizadas
- Educação continuada: treinamento em horas por homem

### Farmácia clínica/atenção farmacêutica

- Satisfação de clientes
- Prescrições médicas avaliadas pelo farmacêutico por dia
- Nº de informações sobre seguimento e avaliação das causas de não-administração de medicamentos

### Seguimento farmacoterapêutico

- Satisfação de clientes
- Nº de intervenções nas prescrições médicas
- Eficácia das intervenções (resultados)
- Adesão médica às intervenções
- Nº de avaliações de tratamento farmacológico por período

## A administração e suas principais teorias

A administração é um tema que discorre sobre resultados práticos, portanto, quando se fala em teorias e se tenta aplicá-las ao cotidiano de uma organização, sempre surgem dúvidas.

Mas rever as teorias da administração é muito importante para que o administrador se identifique com uma linha de trabalho. Além disso, amplia a sua visão sobre as formas de organização e, sobretudo, serve de fonte de novas ideias que poderão ser aplicadas.

Quando falamos em uma organização, referimo-nos não somente a corporações, como também, essencialmente, aos ambientes existentes nas empresas. A instituição hospitalar possui várias "organizações" que a constitui. Se em um hospital cada departamento possui sua própria organização, seria bastante útil rever as teorias da administração.

### Teoria da administração científica

No início do século XX havia a necessidade de se aperfeiçoar as condições de trabalho e melhorar a eficiência da produção, com o objetivo de aumentar a produtividade.

As condições de trabalho eram muito ruins, os salários eram bastante baixos e os operários chegavam a trabalhar até catorze horas por dia. A Teoria da Administração Científica foi formulada pelo engenheiro Frederick W. Taylor (1856-1915) e outros colaboradores.

Taylor baseava sua proposta em um sistema de administração que estudasse os tempos nas linhas de produção para obter os melhores métodos na realização das tarefas e para selecionar, treinar e motivar os trabalhadores.

Com isso, pretendia encontrar a melhor maneira de produzir, em menor tempo, sem desperdício de energia dos operários.

A filosofia de Taylor é pautada por quatro princípios básicos:
- encontrar a melhor maneira de realizar cada atividade;
- identificar o potencial de cada operário e colocá-lo para atuar onde tiver maior habilidade;
- educar e estimular as competências de cada trabalhador;
- aproximar a administração (alta cúpula) e os operários.

Quando observamos linhas de produção nas fábricas, é preciso saber que se trata de herança deixada por Taylor, e que a profissionalização da administração advém da Teoria da Administração Científica.

Mas a ênfase dada à produtividade causou a busca pelo aumento dos lucros: a lucratividade.

Simultaneamente a esses acontecimentos, começavam também a surgir atritos entre sindicatos e empresários (industriais).

## Fordismo – teoria revolucionária

O Fordismo foi um modelo idealizado por Henry Ford (1863-1947) que revolucionou a administração das empresas. Tinha como síntese a ideia de que uma empresa poderia proporcionar bem-estar social ao mesmo tempo que obtivesse sucesso financeiro. Ford remunerava bem os seus funcionários e vendia produtos com preços mais acessíveis às pessoas.

A questão era que vender mais barato e remunerar bem poderia não combinar com o lucro, por isso essa teoria foi inicialmente combatida. Mas Henry Ford buscava o lucro nos produtos mais baratos, aqueles que todos poderiam comprar, e não naqueles mais caros ou luxuosos. O mais importante era a quantidade de produtos vendidos. Daí surgiu o conceito de produção em larga escala ou produção em massa, como ocorreu com os veículos. Ford implantou a linha de produção, e dizia que na sua indústria "o trabalho ia até os operários, e não os operários até o trabalho". Ford produziu mais de 20 milhões de carros até 1930, transformando os veículos em um símbolo do mundo ocidental.

## Teoria clássica das organizações

Como consequência da Teoria da Administração Científica houve a necessidade de "sistematizar" a gestão. Nesse momento, Henri Fayol (1841-1925), um engenheiro francês, dividiu as operações empresariais em seis atividades:

- *técnica* – produção e fabricação de produtos;
- *comercial* – compra de matéria-prima e venda de produtos;
- *financeira* – aquisição e uso do capital;
- *de segurança* – proteção dos empregados e da propriedade;
- *contábil* – apuração dos resultados;
- *administrativa* – gerenciamento das atividades.

Fayol acreditava que os administradores poderiam ser formados e ter suas habilidades desenvolvidas, ou seja, poderiam aprender a *administrar*.

Fayol descreveu catorze princípios básicos da administração:

- divisão do trabalho;
- autoridade;
- disciplina;
- unidade de comando;
- unidade de direção;
- graus de subordinação;

- remuneração;
- centralização;
- hierarquia;
- ordem;
- equidade;
- estabilidade de pessoal;
- iniciativa;
- espírito de equipe.

Se tivéssemos de resumir todos esses princípios para extrair a ideia principal de Fayol, chegaríamos ao *organograma*, que é a representação gráfica dos graus de hierarquia de uma empresa.

Fayol defendia a departamentalização, a divisão da empresa de acordo com os vários departamentos, desde que estabelecidos os graus de subordinação. Quando ele fala em autoridade, disciplina, direção, comando, centralização, hierarquia, quer passar a importância desses quesitos na gestão.

Até hoje as empresas adotam modelos organizacionais baseados em organogramas, o que mostra que são muito eficazes.

Ainda na linha clássica de Fayol, não podemos deixar de citar o sociólogo alemão Max Weber (1864-1920).

Weber afirmava a necessidade da burocracia nas organizações. Muitos de nós criticamos a burocracia, mas sabemos que ela é extremamente necessária. Talvez tenhamos uma ideia errada do que seja *burocracia*. Para Weber, significa previsibilidade e produtividade.

Ele preconizava que era preciso regulamentar a atividade das empresas de forma descritiva, cuidadosa, com uma hierarquia definida e uma linha de autoridade bastante clara.

Escreveu *The Theory of Social and Economic Organization*[9] (A teoria da organização econômica e social), obra em que abordou as diferenças entre poder e autoridade: *poder* – faculdade de obrigar alguém a fazer a vontade de outro, por causa de sua força, mesmo que se preferisse não o fazer; *autoridade* – habilidade de levar alguém a fazer *de boa vontade* o que o outro deseja, apenas por sua influência pessoal.

### Teorias de transição – a escola comportamental

A Escola Comportamental é uma teoria voltada para as relações humanas, que valorizava as pessoas. Teve como precursores Mary Parker Follett (1868-1933) e Chester Barnard (1886-1961). Depois vieram Elton Mayo (1880-1949) e Kurt Lewin (1890-1947).

---

[9] Max Weber, *The Theory of Social and Economic Organization* (Nova York: The Free Press, 1964).

Esses autores valorizavam o trabalho do grupo em detrimento da individualidade. Se para Taylor havia comandante e comandados, para Mary Parker o mais importante era a harmonia entre as forças do grupo e o controle que o grupo exercia sobre si próprio (autocontrole). A Escola Comportamental tentava estimular os administradores a lidar com "o lado humano" das organizações, o que fez a psicologia e a sociologia entrarem em cena.

Mayo estabeleceu o conceito de "homem social", no qual os operários poderiam buscar nas amizades e no ambiente externo a motivação necessária para um melhor desempenho de suas funções.

## A escola quantitativa – management science

Baseia-se nas pesquisas operacionais (PO), que são técnicas matemáticas para criação de modelos, análise e solução de problemas da administração.

Sua contribuição está nas atividades de controle e planejamento, e muito cooperou para o desenvolvimento de novos produtos e estratégias, previsão de produção, manutenção de flutuação de estoques e outras atividades.

## A abordagem sistêmica

Entende a organização como um sistema unificado, mas dividido em várias partes interdependentes e correlacionadas. Nesse sistema a organização é vista, portanto, como uma estrutura que faz parte de todo o ambiente externo e interage com ele.

Essa abordagem possui alguns conceitos bastante comuns em nosso cotidiano. Vejamos:
- *subsistemas* – várias partes que formam o sistema total;
- *sinergia* – o todo é maior do que a soma das partes;
- *fluxos* – informação, materiais e energia que entram e saem de um sistema.

Após Descartes, em meados do século XVII, salientar o poder da razão era estabelecer que o *racional* substituía o *tradicional*. Entretanto, o campo do trabalho ainda não havia sido afetado pelo racionalismo. Antes, porém, é importante lembrar que nesse período ocorria a introdução de máquinas nos processos produtivos, principalmente nas recém-criadas indústrias, e o trabalho não sofria influência da racionalização, muito pelo contrário, sua organização era desordenada. Será só no século XVIII que o racionalismo atingirá sua fase mais importante, quando será aplicado às ciências naturais e sociais. A chamada administração científica, portanto, data do início do século XX.

## A moderna administração hospitalar

Todos os conceitos descritos até aqui fundem-se na definição da administração hospitalar atual; entretanto, não podemos dizer que qualquer uma das correntes anteriormente citadas seja isoladamente a melhor. A inovação deve fazer parte das ferramentas de gestão e, portanto, modernidade significa atualização, acompanhamento. Nem sempre o atual é o moderno.

Características importantes da administração moderna:
- a empresa deve interagir com o meio, com a realidade que a envolve, não ser parte de um círculo fechado de relações;
- o foco de uma empresa deve ser definido de acordo com os objetivos da instituição;
- deve haver contínua transformação: "inovar é preciso";
- relações humanas são fundamentais na gestão, deve-se conhecer e valorizar as competências e administrar as fragilidades;
- as decisões devem estar baseadas nos reflexos da gestão que ocorre no presente; portanto não se deve decidir somente para agora, mas sim antever as situações futuras;
- a administração deve ser compartilhada e, em algumas situações predefinidas, descentralizada. As empresas devem possuir seu "time de gestão".

Hoje a administração se chama gestão, e este time no hospital deve ser composto por:
- administrador hospitalar;
- farmacêutico;
- almoxarife (líder de suprimentos);
- diretor clínico;
- líder de informática;
- gerente de enfermagem;
- gerente de faturamento;
- gerente de internação;
- gerente de recepção;
- assistente social;
- gerente do Same;
- nutricionista-chefe;
- outros líderes.

O administrador hospitalar:[10]
- é o primeiro executivo da instituição;

---
[10] Valdir Ribeiro Borba, *Administração hospitalar: princípios básicos* (São Paulo: Cedas, 1988), p. 19.

- tem autoridade e responsabilidade sobre todos os departamentos do hospital;
- tem como dependente o próprio corpo clínico (em coordenação com ele) para a implementação de suas decisões e necessidades;
- é o responsável pela administração/gestão de todas as atividades do hospital;
- é o representante do hospital perante a comunidade e as autoridades públicas (sociais, civis).

Apesar disso, é provável que o desenvolvimento da gestão hospitalar encontre obstáculos, os quais podem interferir seriamente no andamento das atividades. São eles:
- *falta de controle sobre as ações do administrador* – pode levar a um não cumprimento de suas atividades. Para coibir essa situação, as empresas tendem a criar *planos de ação* voltados para o cumprimento de metas;
- *descumprimento de metas* – indisciplina;
- *desinteresse pela atualização e desmotivação* – o administrador é o seu próprio termômetro, seus resultados interferem em toda a cadeia administrativa da unidade hospitalar;
- *subjetivismo* – na administração de qualquer coisa, tudo é mensurado, documentado e analisado mediante parâmetros (indicadores hospitalares);
- *má administração do tempo*;
- *distanciamento do hospital* – o administrador deve fazer visitas periódicas às unidades do hospital.

## Administração atual: gestão

De alguns anos para cá, empresários e pensadores escreveram os novos princípios da administração. Estamos falando de Jack Welch, Bill Gates, Henry Ford, Philip Kotler, J. P. Morgan, Michael Porter, entre outros.

Alguns dos novos conceitos incluem:
- globalização;
- gestão de processos;
- gestão de pessoas;
- metas corporativas;
- inovação e tecnologia;
- liderança.

A aplicabilidade dos tópicos apresentados é ampla e extensa, tendo desdobramentos na administração do dia a dia de cada gestor, seja ele gerente de uma empresa, seja farmacêutico hospitalar.

Jack Welch foi um dos executivos que mais se destacou e mais seguidores teve entre o final do século XX e o início do século XXI. Como presidente da General Eletric, sua filosofia de trabalho se resumia na flexibilidade organizacional, em produtos de qualidade, em pessoas bem treinadas e motivadas, e em forte liderança vinda do topo, além do foco. Ele foi um dos primeiros a se converter para a importância da qualidade.

Coincidentemente, a qualidade é pilar fundamental nas empresas, não sendo diferente nos hospitais, os quais buscam a cada dia certificações e adequações a padrões nacionais e internacionais.

Também mostrou a necessidade do treinamento, isto é, para cobrar resultados é preciso que todos estejam habilmente preparados para a execução de seus objetivos.

Portanto, Welch marca presença por ideias como:
- é preciso investir nas pessoas (patrimônio das empresas);
- as mudanças são constantes;
- os serviços são o futuro;
- um administrador não é um ditador;
- a comunicação deve ser franca;
- é preciso estrangular a burocracia, ou ela o estrangula.

Já Bill Gates, magnata dos computadores, enfatiza a descentralização e a responsabilidade pessoal, mas impõe também bastante pressão.

Gates valoriza a estratégia e a criatividade, que alguns chamam de inovação.

Aldous Huxley, no romance *Admirável mundo novo*, dizia que os operários de Ford oravam ao "Nosso Ford" em vez do "Pai Nosso".

Henry Ford foi um dos líderes empresariais mais admirados nos últimos tempos. Projetou a produção do *carro de massa* e mudou a cultura dos Estados Unidos. Seus fundamentos:
- produzir uma quantidade crescente de bens da melhor qualidade possível;
- buscar sempre a melhor qualidade.

Sintetizando os pensadores modernos e entendendo de que maneira podem contribuir para a gestão do farmacêutico nas suas farmácias hospitalares, podemos resumir da seguinte forma:

- *qualidade* – o hospital "vende" serviços, seu produto mais importante, portanto a qualidade deve ser plena e palpável, chegando ao cliente na forma de resultado.
A qualidade daquilo que o hospital faz é mensurável, sendo de responsabilidade de seus gestores a manutenção do que está bom e a resolução dos problemas verificados.
- *metas e foco* – o farmacêutico hospitalar deve se acostumar a trabalhar mediante metas estabelecidas pelo administrador hospitalar. Essas metas devem ser de conhecimento de toda a equipe e distribuídas conforme as linhas de subordinação interna.
- *estratégia* – dirigir sem planejar, em qualquer âmbito, significa um passo para o fracasso. O farmacêutico, à frente de sua equipe, necessita planejar, coordenar todos os passos futuros, levantando recursos disponíveis e necessários para a implementação de projetos.
- *trabalho sob pressão* – o hospital é o melhor local para exemplificar o que é trabalhar sob pressão e obter resultados.
- *administrar de forma participativa* – alguns gestores têm extrema dificuldade de dirigir, comandar, com a participação dos subordinados. O comando deve ser privilegiado, mas não de forma absolutista e ditatorial.
- *treinamento* – o gestor precisa saber que investir no seu pessoal é enriquecer a capacidade produtiva. Um farmacêutico hospitalar no papel de gestor precisa explorar a potencialidade de todos da equipe, conhecer as suas fraquezas, lapidar suas habilidades.
- *tecnologia* – na farmácia hospitalar, a tecnologia é a ferramenta essencial, sendo imprescindível sua utilização.
Prescrição eletrônica, baixa de estoque por código de barras, checagem eletrônica, telemetria, biometria já não são mais coisa do futuro, é o presente!

## Liderança: modelo de gestão atual

Atualmente, o gestor transformou-se em líder: aquele que deve identificar e satisfazer as necessidades das pessoas. O líder deve servir ao mesmo tempo que conduz os seus subordinados.

O administrador ou gestor deve se antecipar aos problemas, estando sempre próximo dos comandados para poder supri-los naquilo que for necessário para a continuidade do trabalho.

Alguns itens jamais podem ser esquecidos pelo líder no suporte aos membros de sua equipe. Ele deve promover:
- autorrealização;

- autoestima;
- amor como doação;
- segurança;
- paciência;
- vontade.

Todos necessitam dos itens anteriores para desempenhar bem o seu trabalho. Em seguida, vêm o salário, o bônus, etc.

É importante destacar que a atual escola administrativa preconiza que o líder satisfaça sempre as necessidades de seu grupo, não as vontades, visto serem duas condições bastante diferentes e que podem levar a situações incômodas se interpretadas incorretamente.

O modelo de liderança pressupõe:
- *liderança propriamente dita* – carisma, vocação, iniciativa;
- *autoridade* – se fazer valer pela influência positiva;
- *doação* – orientar e às vezes ter ações operacionais, ser abnegado;
- *vontade* – empenho naquilo que realiza, ser exemplo para todos;
- *comunicação* – humildade para ouvir, promover o *feedback*, ter um canal aberto com os colaboradores;
- *honestidade* – manter a união na relação gestor-subordinado;
- *compromisso* – seguir o planejamento;
- *capacidade de perdoar* – não podem haver ressentimentos, o nível é profissional!

Para o líder, disciplina e organização são necessidades quase vitais. Sem disciplina, sem respeito às suas atribuições, responsabilidade com os cronogramas, com as metas, tudo pode se perder. Sem organização, não há planejamento.

Em síntese, a liderança rege os princípios da gestão atual, e todo comandante deve necessariamente liderar e não apenas gerenciar.

A liderança nas corporações é a habilidade de influenciar os colaboradores a atuar com entusiasmo, com o objetivo de atingir as metas em comum da equipe.

# 3 Logística dos medicamentos e dos produtos para a saúde

A administração de medicamentos e produtos para a saúde compreende um ciclo contínuo de operações correlatas e interdependentes.

Podemos destacar algumas dessas ações:
- previsão (quanto comprar e para quanto tempo);
- compra (cotação, pedido e entrega);
- análise do estoque e da flutuação;
- compra (recebimento do produto);
- fluxo de distribuição interno;
- armazenamento;
- controle do estoque (inventário).

Todas as atividades apresentadas compreendem um ramo da administração que chamamos de *logística*.

O *Council of Logistics Management* (CLM) conceitua a logística como o processo de planejamento, implementação e controle do fluxo eficiente e eficaz de materiais, estoques de produtos semiacabados e acabados, bem como a fluência de informações a eles relativos, desde a origem do produto até o seu consumo, com o propósito de atender os requisitos dos clientes.

De forma geral, a logística é um procedimento para prever e prover:
- *previsão* – realiza-se por meio de fórmulas matemáticas e de criticidade, curvas ABC/XYZ e apoio de sistemas informatizados :ERP.
- *provisão* – é a compra propriamente dita. Atualmente, esse ramo configura-se como um dos mais importantes processos dentro da área de suprimentos.

É necessário ressaltar que a logística tem sido um importante campo de atuação para os farmacêuticos hospitalares, principalmente se esse profissional conciliar conhecimento técnico com visão administrativa.

Vejamos alguns objetivos da administração de materiais dentro do universo da logística:
- redução de custos de aquisição;
- redução de custos de manutenção – estoques mais bem controlados e enxutos exigem menor cuidado;
- redução dos custos de reposição;
- rotatividade de estoque ideal;
- redução do custo de mão de obra;
- treinamento de pessoal;
- continuidade de fornecimento;
- boa qualidade de estoque (qualidade no armazenamento);
- bom relacionamento com os fornecedores.

## Glossário logístico

Algumas terminologias são comuns em logística. Destacamos abaixo as mais importantes:
- *acondicionamento* – informações relativas à apresentação coletiva de um item (por exemplo: embalagem de 10 caixas com 30 cápsulas cada);
- *administração logística* – processo de planejamento, implementação e controle do fluxo eficiente e eficaz de matérias-primas, estoque de produtos semiacabados e do fluxo de informações, desde a origem até o consumo, com o propósito de atender aos requisitos dos clientes;
- *aquisição de materiais* – atividade responsável pela busca de fornecedores de materiais, e obtenção pela compra, transformação, permuta ou doação;
- *boas práticas de armazenagem* – é a parte da garantia da qualidade que assegura que os serviços prestados sejam controlados de modo coerente, com padrões de qualidade apropriados para o desenvolvimento de todas as etapas de armazenagem de produtos;
- *cadeia de abastecimento (supply chain)* – constituída pelo conjunto de operações que mantém relações do início ao final da cadeia logística, desde os fornecedores até o consumidor final; *característica do produto* – características quantificáveis/mensuráveis, como dimensões, tamanho, forma, orientação, textura, dureza, resistência à tração, revestimento, acabamento, cor, entre outras;
- *contingência* – correção para minimizar as consequências da ocorrência de determinado risco. Planos preestabelecidos;

- *controle de estoque* – técnicas e atividades necessárias para a manutenção de determinado nível estocado de itens;
- *controle de processo* – conjunto de atividades com base nas quais se assegura que dado processo gere os resultados de acordo com o objetivo;
- *custo de armazenagem* – valor que envolve gastos com espaço para armazenagem e pessoal para movimentação do produto;
- *custo logístico* – somatória dos custos de transporte, armazenagem e manutenção do estoque;
- *demanda* – número de unidades que os consumidores estariam dispostos a comprar, em certa unidade de tempo, lugar estabelecido e preço;
- *desvio* – diferença entre a quantidade de produto real e a documentada. A positiva é denominada *surplus* (excedente); a negativa, *shortage* (falta);
- *distribuição reversa* – processo pelo qual uma empresa coleta, de seus usuários finais, os produtos usados, danificados ou obsoletos, além de embalagens ou partes de seus produtos. No hospital, as devoluções de itens enviados aos pacientes evidenciam essa situação, que é muito comum;
- *PEPS* – método de armazenagem em que o produto que é o primeiro a entrar é o primeiro a sair (*First In, First Out* – FIFO); o primeiro a expirar é o primeiro a sair (*First to Expire, First Out* – FEFO), ou seja, o material que vence primeiro deve ser utilizado primeiro. Com o tempo este tipo de organização do armazenamento vem se tornando cada vez mais antiquado em detrimento das modernas técnicas de ressuprimento.
- Just-in-time (JIT) – otimização dos processos visando à diminuição dos desperdícios (de tempo, espaço e pessoal), tendo como resultado a redução de custos e a melhora na qualidade dos serviços.

## Gerenciamento de recursos materiais

*Farmácia hospitalar*: a caderneta de poupança do hospital.

O gerenciamento dos estoques de um hospital tem por objetivo assegurar o eficiente abastecimento dos materiais e medicamentos necessários ao funcionamento da instituição, e deve ocorrer em tempo oportuno, com qualidade e menor custo possível.

A gestão desse estoque deve ainda atender a duas exigências básicas:
- não pode haver excessos;
- não pode haver faltas.

Estoques custam caro; portanto, requerem planejamento e vigilância intensa.

Segundo Pereira,[11] "juntamente a medicamentos e alimentos, os produtos para saúde representam mais de 40% dos gastos hospitalares, exigindo um gerenciamento cada vez mais racional desses itens".

Um estudo realizado nos Estados Unidos aponta que as despesas com materiais em um hospital chegam a 7 mil dólares/ano por leito.

A logística engloba o departamento de compras, o almoxarifado e a farmácia, além de se relacionar diretamente com:
- o faturamento;
- a central de autorizações;
- o serviço de nutrição e dietética (SND);
- o corpo de enfermagem;
- o corpo clínico, etc.

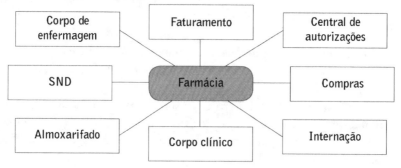

FLUXO LOGÍSTICO

Como se vê, o fluxo logístico integra todos os departamentos que fazem interface com o fornecimento de materiais hospitalares e medicamentos.

Quando é feita a previsão de compra de um item, inicia-se um ciclo de operações que culminará com o seu lançamento na conta do paciente.

Quanto será comprado e para quanto tempo?

Ao ser estocado pelo almoxarifado, o produto será distribuído para a farmácia, que o dispensará ao paciente. À medida que esse produto vai sendo consumido, atingirá um ponto no estoque (estoque mínimo) que originará nova aquisição (ressuprimento). Portanto, deve haver vigilân-

---

[11] Gerson Augusto Pereira. *Material médicohospitalar* (Rio de Janeiro: Guanabara Koogan, 1997), p. 1.

cia e controle para que não ultrapasse seu estoque máximo. Não se deve esquecer também de fazer o lançamento imediato na conta (faturamento) do cliente, conforme ele for utilizando certos itens.

Além dessas considerações, a logística deve se preocupar também com o uso equilibrado dos itens. Precisa questionar as requisições, os aumentos de consumo, o uso indiscriminado de produtos e itens sem movimentação, sempre contando com o apoio da enfermagem, do corpo clínico e da farmácia, que é o centro do fluxo logístico, setor de maior importância nesse sistema que envolve *previsão, provisão, recebimento, controle, dispensação, cobrança, ressuprimento e compra.*

## Figuras do fluxo logístico

- *Almoxarifado* – detecta a necessidade da compra por meio do ponto de ressuprimento de cada produto do estoque. Elabora pedido mediante solicitação de compra.
- *Compras* – recebe uma *solicitação de compra* e a transforma em ordem de compra *de compra*. Essa operação envolve contato com fornecedores, cotação, negociação, decisão e pedido realizado, culminando com a entrega do(s) produto(s) na unidade hospitalar.
- *Farmácia (ou almoxarifado)* – recebe os produtos e abastece o estoque fisicamente. Deve também documentar o recebimento, valendo-se da nota fiscal, cujas informações serão registradas no sistema de estoque. A distribuição dos produtos adquiridos será feita por intermédio do almoxarifado, da farmácia central e/ou das farmácias satélites.
- *Faturamento* – medicamentos usados por um determinado paciente devem ser registrados em sua conta (faturamento). Pode haver devolução, contanto que seja em um curto espaço de tempo. No entanto, seja na confirmação do uso (faturado), seja na devolução de itens não utilizados, o faturamento faz parte do fluxo logístico interno.

## Quem são os clientes de materiais no hospital?

- Farmácia;
- serviço de nutrição e dietética (SND);
- manutenção;
- lavanderia;
- enfermagem (enfermarias);
- setores diversos.

## O estoque e os materiais

Como é de conhecimento geral, os medicamentos guardados na farmácia podem corresponder a aproximadamente 30% dos gastos de um hospital, excetuando-se salários e encargos de colaboradores.

Como qualquer empresa, o hospital deve ter grande preocupação com a gestão dos seus estoques.

### Objetivos do estoque

- *Economia* – deve haver o máximo aproveitamento dos recursos financeiros investidos em materiais e menor custo possível na ação de controle.
- *Amplitude* – deve possuir abrangência sobre todos os itens que mereçam interesse estratégico, pela sua representatividade financeira ou por sua importância nos processos produtivos.
- *Duração* – deve ser uma ação persistente, sem tréguas ou concessões.
- *Clareza* – o controle de estoques deve retratar os fatos envolvidos com a estocagem e utilização de forma exata, objetiva e compreensível.
- Anteriormente foi dito que, no hospital, não pode haver excessos, tampouco faltas. Mas por que faltam materiais e medicamentos? Vejamos algumas possibilidades:
- falta de investimento no setor de materiais (muitos administradores mal conhecem as atividades desempenhadas pela farmácia e pelo almoxarifado);
- ocorrência de corrupção e clientelismo;
- baixa qualidade no serviço prestado (colaboradores despreparados);
- inexistência de processos coordenados para o fluxo de materiais (logística), sem controle, portanto, das operações e do estoque;
- os processos existentes são arcaicos e com pontos desconexos;
- departamento de compras opera sem políticas definidas;
- gestão dos setores envolvidos (farmácia, almoxarifado, compras) é despreparada e sem comprometimento;
- instituição conta com poucos recursos financeiros;
- não há metas a serem atingidas (previsões orçamentárias).

Administrar os materiais não significa simplesmente controlar os estoques. Existe um grande equívoco quando se imagina que a boa gestão na área de suprimentos é aquela na qual os inventários são sempre satisfatórios, sem a preocupação com as atividades-fim desse setor, que tem atribuições específicas, tais como controle sobre as movimentações, atuação no departamento de compras, preocupação com o eficiente armazenamento, etc.

De forma objetiva, as *funções* da área de suprimentos são:
- planejar as compras com base no consumo;
- gerir e controlar os estoques;
- estabelecer os índices de flutuação dos estoques;
- gerar as solicitações de compra;
- receber e armazenar os produtos de estoque;
- receber e armazenar os produtos não padronizados, como órteses, próteses, materiais especiais, produtos consignados, medicamentos de urgência, etc.

A administração de suprimentos deve também se preocupar com:
- o que comprar e para quanto tempo;
- que quantidade e como armazenar;
- como distribuir e as formas de controle;
- gerar compras racionais e controle de vencimentos.

## Diretrizes de controle do estoque

Ciente das funções importantes que o estoque desempenha dentro de uma organização, o gestor deve definir diretrizes para a condução das atividades dentro de um setor de suprimentos. As diretrizes a seguir são estratégicas para o estoque e podem ser definidas como pontos de controle que acompanham o seu funcionamento.

### Tempo de entrega dos produtos

- O gestor deve administrar e controlar:
  - o tempo de processamento interno (TPI), que é o período da gestão interna da solicitação do produto.
    - *Passo 1* – o almoxarifado detecta a necessidade de compra do produto ou o sistema informatizado de estoque, se houver, aponta o estoque mínimo;
    - *Passo 2* – o departamento de compras recebe sinalização para adquirir certo produto ou o sistema informatizado o faz automaticamente;
    - *Passo 3* – após ter conhecimento do produto a ser adquirido, o comprador faz contato com os fornecedores autorizados para receber as cotações de preço.

Ao receber os preços cotados, há o julgamento, e um novo contato deve ser feito para fechar o pedido. A resposta dos fornecedores pode ser rápida, mas compras corporativas de lotes normalmente levam dez dias ou mais.

- a o tempo de processamento externo (TPE), que é o período da gestão externa da compra, basicamente será o tempo que o produto levará para chegar ao hospital. Em um país de dimensões continentais como o Brasil, usuários (hospitais) e fornecedores (distribuidores e fabricantes) podem ficar, em algumas situações, a milhares de quilômetros. Imagine um hospital localizado no norte do país que realiza compra de uma indústria do interior de São Paulo. Esse pedido levará dias para chegar aos estoques do comprador (hospital). Portanto, algumas dificuldades devem ser previstas pela gestão do estoque.

> **IMPORTANTE**
> O tempo de estoque mínimo não será somente a previsão, em dias, do consumo entre estoque máximo e estoque de segurança.

- locais de armazenamento – condições qualitativas e quantitativas. Uma área de armazenamento dos produtos utilizados em um hospital reúne especificações rigorosas, e a qualidade reverte diretamente no aproveitamento do estoque. Porém, não é somente *como será estocado* que importará, mas também *onde será estocado*. O estoque deve reunir área suficiente para acomodar de forma organizada os produtos. Distância entre as prateleiras, pé-direito mínimo, acesso descomplicado (rampas) são quesitos imprescindíveis, mas o tamanho dessa área (metragem) é decisivo. Imaginemos uma negociação excepcional, em que a quantidade adquirida pode superar os níveis normais de estoque de um certo item. É interessante conseguir suprir essa eventualidade, bem como é obrigatória a capacidade de guardar os níveis normais de estoque.

Mais detalhes sobre essas especificações serão abordados no capítulo 5, "Armazenamento".

## Fornecedores

O rol de fornecedores que abastecem o hospital é formulado por meio de critérios subjetivos e/ou objetivos. Os critérios subjetivos são mais comuns nas instituições particulares, devendo ser acompanhados também de objetividade quanto ao grau de especificidade do item a ser adquirido. Nas instituições públicas, o caráter objetivo na compra é obrigatório, devendo contemplar também o princípio da discricionariedade. O formalismo na compra em ambas as situações é fundamental, sendo que nas compras públicas deve haver o respeito à Lei nº 8.666/1993, a Lei das Licitações.

O profissional responsável pela qualificação dos fornecedores dentro de uma farmácia hospitalar deve ser o farmacêutico. Porém, mesmo que a farmácia ou o almoxarifado não sejam os executores das compras, esses setores devem ter acesso aos cadastros dos fornecedores ou possuírem cadastros próprios, para, principalmente nas emergências, ter como acionar os representantes.

Exemplos não faltam para situações em que o contato com o fornecedor é realizado pela farmácia ou pelo almoxarifado:
- aquisição de uma prótese, órtese ou material especial para uma cirurguia de urgência (exemplo: meningocele);
- aquisição de um medicamento não padronizado, mas extremamente necessário e específico (exemplo: imunoglobulina).

Veja, na próxima página, o modelo de cadastro para fornecedores.

## Problemas com fornecedores na área da saúde

Os produtos utilizados pelos hospitais são altamente específicos – sejam eles medicamentos, sejam produtos para a saúde. Sua compra, conforme já dissemos anteriormente, deve seguir rígidos padrões de qualidade, e os fornecedores devem atender a critérios estabelecidos pelo farmacêutico hospitalar e/ou comprador. Os maiores problemas relacionados aos fornecedores são:
- *Quanto à entrega*:
  - não cumprimento da entrega;
  - entrega parcial da ordem de compra;
  - entrega de material em desacordo com a especificação solicitada;
  - dificuldade na resolução de problemas com os produtos recebidos;
  - diferenças de preço entre a nota fiscal e a ordem de compra.
- *Quanto à qualidade técnica:*
  - entrega de produto diferente daquele que foi ofertado e amostrado;
  - entrega do produto com prazo de validade em desacordo com o solicitado (alguns hospitais estabelecem prazo mínimo de validade);
  - entrega de produto com embalagem rompida, quebrado ou com qualquer tipo de avaria;
  - produto com data de validade e lote ilegíveis.

## MODELO DE CADASTRO PARA FORNECEDORES

| | | |
|---|---|---|
| Empresa: | | |
| Razão social: | | |
| Endereço: | Cidade: | Estado: |
| Telefone/Fax: | E-mail: | site: |
| CNPJ: | Inscrição estadual: | CCM: |
| Contato: | | Celular: |
| ( ) Produtos | ( ) Serviços | |

Produto(s) comercializado(s):

| | |
|---|---|
| | |
| | |
| | |
| | |
| | |
| | |

| | | |
|---|---|---|
| Empresa com certificação ISO | ( ) sim | ( ) não |
| Outras? Quais? | | |
| Se indústria, possui certificado de boas práticas? | ( ) sim | ( ) não |
| Bem ou serviço requer legislação específica? | ( ) sim | ( ) não |
| Regularidade com alvará de funcionamento? | ( ) sim | ( ) não |
| Outros documentos ( ) sim ( ) não | Quais: | |
| Foi realizada visita à empresa? ( ) sim ( ) não | relatório anexo | |

| | | |
|---|---|---|
| Avaliação do(s) produto(s): | | |
| Nome do produto: | | |
| Registro: | | |
| Laudo do tipo: | ( ) aprovado | ( ) reprovado |
| Avaliação do(s) produto(s): | | |
| Nome do produto: | | |
| Registro: | | |
| Laudo do tipo: | ( ) aprovado | ( ) reprovado |
| Avaliação do(s) produto(s): | | |
| Nome do produto: | | |
| Registro: | | |
| Laudo do tipo: | ( ) aprovado | ( ) reprovado |
| Outras referências (hospitais) | | |
| Cliente: | | |
| Telefone: | | |
| Contato: | | |
| Avaliação: | ( ) positiva | ( ) negativa |

Os parâmetros mais importantes usados na qualificação dos fornecedores são:
- Condições de embalagens e transporte
- Cumprimento de promessas e prazos de entrega
- Antecedentes estáveis – solidez no mercado
- Condições de pagamento
- Pontualidade
- Atendimento
- Preço competitivo
- Pós-venda eficiente
- Apoio técnico
- Nome jurídico e fantasia do fornecedor (Contrato social e objeto do contrato)
- Endereço completo; CNPJ; nacionalidade
- Licença Sanitária e Alvará de Funcionamento
- Registro Empresa e Produto no MS
- Certificado Regularidade – resp. técnica
- Autorização especial – Portaria 344
- Credenciamento para comercialização (Distribuidora)
- Certificado Boas Práticas de Fabricação na linha de produção
- Laudo analítico de Controle de Qualidade
- Visita Técnica

Também é relevante o uso da ferramenta de qualidade "5W2H" na gestão de compras, como explicado a seguir:

- *Who* – quem vai comprar? Os hospitais devem ter compradores especializados para cada tipo de produto. É o chamado comprador técnico.
- *What/Which* – o que ou quais itens comprar? Os itens adquiridos devem ser preestabelecidos pela CFT ou pela comissão relacionada.
- *When* – quando comprar? É necessário estabelecer a periodicidade das compras.
- *Where* – de qual fornecedor? Deve existir um cadastro de fornecedores (conforme o modelo descrito anteriormente) em que constem todas as informações, administrativas e técnicas, para subsídio do comprador.
- *How many/How much* – quanto comprar? Quanto custa? Questão de difícil dimensionamento, pois envolve avaliação e tomada de decisão do gestor, baseada em questões como espaço, aspectos financeiros (fluxo de caixa) e política de estoque adotada.

► *How* – como comprar? É fundamental que exista um processo de compra definido, aliando os fluxos e o uso de recursos tecnológicos.

No processo de compra de medicamentos, o farmacêutico hospitalar é o profissional mais importante na qualificação de fornecedores, pois sua decisão é imperativa na sequência do processo. O risco de interagir com fornecedores sem qualidade e que ofereçam riscos aos pacientes deve ser sempre considerado, principalmente porque empresas de todas as partes revendem seus produtos no Brasil e, infelizmente, muitos serviços de saúde prezam apenas pelo custo, deixando a qualidade como item secundário.

As principais atribuições do farmacêutico hospitalar na qualificação de fornecedores podem ser assim resumidas:

► estabelecer requisitos técnicos e participar da elaboração das normas administrativas e de procedimentos que orientem o processo de compra;
► solicitar pedido de compras, definindo as especificações técnicas;
► emitir parecer técnico dos processos de compra relacionados a medicamentos e/ou materiais sob a sua responsabilidade;
► acompanhar e avaliar o processo de compra;
► acompanhar, avaliar e desenvolver os fornecedores.

*Onde comprar?*

A tabela a seguir apresenta as particularidades de cada modalidade de fornecedor no Brasil (indústrias ou distribuidoras).

**Modalidades de fornecimento e suas características**

| Fatores | Indústria | Distribuidora |
| --- | --- | --- |
| Preço | Menor | Maior (em algumas negociações pode ser menor) |
| Qualidade | Assegurada diretamente | Assegurada indiretamente |
| Quantidade | Maior | Menor |
| Prazo de entrega | Amplo/boa margem de negociação | Amplo/boa margem de negociação |
| Diversidade | Reduzida | Ampla |

## Flutuação dos estoques

Para estabelecer a flutuação deve-se definir as quantidades mínima e máxima de cada item e verificar os valores do estoque, que são determinados pelo gestor e pelo administrador hospitalar por meio do cálculo das curvas ABC.

# LOGÍSTICA DOS MEDICAMENTOS E DOS PRODUTOS PARA A SAÚDE

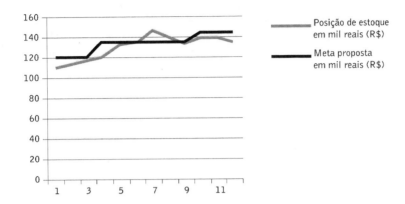

Se a saúde da empresa está também em seus estoques, um simples descuido poderá significar uma "torneira aberta" nas finanças.

No gráfico acima, referente ao período de um ano, o estoque máximo proposto foi criteriosamente estabelecido pela gestão administrativa da farmácia com base em resultados de períodos anteriores.

A *posição de estoque* no gráfico aponta o valor armazenado no instante do fechamento (mês). Observa-se, também, que nos meses julho e agosto a meta não foi atingida, ou seja, comprou-se e, consequentemente, estocou-se acima do necessário. Quando a posição supera a meta, como nesse caso, uma ação urgente deve ser tomada. Por exemplo:

▶ repactuar a meta (readequação);
▶ encontrar os desvios;
▶ tratando-se de má gestão do estoque, promover a rotatividade para reduzir o volume de compras do(s) próximo(s) mês(es). No exemplo, a meta para os medicamentos deve ser definida para doze meses, com variações pertinentes ao período sazonal.

*Conclusão*: embora a taxa de ocupação tenha se mantido estável, houve um aumento substancial no estoque de medicamentos em boa parte do terceiro trimestre do ano, conforme evidenciado no quadro a seguir:

| Meses | Posição de estoque em mil reais (R$) | Proposto em mil reais (R$) |
|---|---|---|
| Janeiro | 110 | 120 |
| Fevereiro | 112 | 120 |
| Março | 115 | 120 |
| Abril | 120 | 135 |

(*Continua*)

| Meses | Posição de estoque em mil reais (R$) | Proposto em mil reais (R$) |
|---|---|---|
| Maio | 133 | 135 |
| Junho | 134 | 135 |
| Julho | 147 | 135 |
| Agosto | 140 | 135 |
| Setembro | 134 | 135 |
| Outubro | 140 | 145 |
| Novembro | 139 | 145 |
| Dezembro | 135 | 145 |

Identificou-se os itens responsáveis e não se apresentou justificativa. Resultado: quebra de estoque por excesso de compra e comprometimento da liquidez da empresa por se ter utilizado um valor de capital acima do disposto.

Controlar a flutuação dos estoques, principalmente os produtos da curva A, é obrigatório e deve ser um exercício diário.

Como se sabe, a curva A reúne os itens de maior representatividade financeira do estoque de uma empresa, seja qual for a sua natureza.

A valorização da curva A leva em consideração a quantidade e o custo dos produtos inventariados, isto é, em estoque.

## Especulação com estoques

Conforme visto anteriormente, há um nível de aceitabilidade para os estoques. Porém, em certas situações, certa "desobediência" às metas pode ser explicada: uma negociação que supere valores e quantidades, mas que traga rentabilidade maior para o hospital.

Por exemplo: realiza-se uma compra excepcional de trezentos frascos de *Albumina humana*. Com isso, o estoque ficará acima do nível estabelecido (estoque máximo); mas esse negócio propicia ao hospital um acréscimo de 25% no preço normalmente negociado. Trata-se de uma excepcionalidade, porém justificada: uma empresa hospitalar, embora prestadora de serviços, realiza atividades comerciais – as compras.

Os fornecedores, rotineiramente, oferecerão descontos e preços de liquidação para alguns produtos, mas é preciso avaliar se há condições financeiras para essas aquisições.

Nem sempre o melhor negócio estará ao alcance do hospital.

## Rotatividade dos estoques

Além da importância de se definir a flutuação, o gestor deve estar atento quanto à rotatividade desse estoque, pois determinados produtos encontram-se simultaneamente dispostos em vários locais do hospital. Isso ocorre de forma natural e necessária, dada a necessidade de estarem estrategicamente localizados, o que ajuda a agilizar sua utilização.

A melhor maneira de viabilizar uma rotatividade próxima da realidade do consumo se dá por meio da padronização das cotas, que são quantidades preestabelecidas dos produtos utilizados em cada estoque, com base em informações obtidas pelo consumo médio.

Vejamos alguns estoques:
- farmácia satélite do centro cirúrgico;
- farmácia satélite do pronto-socorro;
- farmácia satélite da unidade de tratamento intensivo (UTI);
- farmácia satélite das unidades de internação;
- outras.

Cada um dos estoques mostrados possui um perfil de utilização de certos produtos e seu respectivo consumo médio. Assim, no quadro das páginas seguintes, temos uma sugestão de estoque para uma farmácia satélite de centro cirúrgico.

O período da cota deve ser o intervalo para o ressuprimento do setor. Dessa forma, o estoque deve estar dimensionado para que a demanda seja absorvida pelos produtos ali localizados. Entretanto, caso seja necessário um pedido eventual à farmácia central ou ao almoxarifado, não há problema que ele ocorra, desde que não se torne frequente.

As cotas devem ser parametrizadas de tal forma que não possam ser burladas, caso contrário, sua importância, que é a de servir como ferramenta de controle de estoque, será nula.

O que fica evidente na definição dos estoques das farmácias satélites é que sua diversidade e especificidade possuem um perfil de uso variado, segundo sua localização. Uma farmácia de centro cirúrgico possui, por exemplo, ampla variedade de fios cirúrgicos, sondas e os próprios campos operatórios (descartáveis ou não), enquanto na satélite, localizada na unidade de dispensação (enfermaria), esses itens não são necessários. O essencial é que o gestor defina esses estoques e os controle.

O maior mérito na definição da rotatividade dos estoques está em que um item só poderá ser zerado caso tenha acabado em todos os estoques. Um item que se apresenta em falta na farmácia central pode não estar em falta nos outros estoques, e vice-versa. Ao se estabelecer as cotas, evita-se o descontrole do estoque.

## SUGESTÃO DE ESTOQUE PARA UMA FARMÁCIA SATÉLITE DE CENTRO CIRÚRGICO

| Medicamento | Forma farmacêutica | Quantidade | Período da cota |
|---|---|---|---|
| Nifedipina | comprimidos | 3 | 3 |
| Adrenalina 1ml | ampolas | 30 | 3 |
| AD 10ml | ampolas | 450 | 3 |
| AD 1.000ml | frascos | 35 | 3 |
| Ampicilina 1 g | ampolas | 15 | 3 |
| Amiodarona | ampolas | 8 | 3 |
| Ranitidina 50mg/2ml | ampolas | 5 | 3 |
| Atropina 0,25mg/ml | ampolas | 20 | 3 |
| Azul de Metileno 2% | ampolas | 8 | 3 |
| Bicarbonato de sódio 10% 10ml | ampolas | 4 | 3 |
| Bicarbonato de sódio 8,4% 10ml | ampolas | 12 | 3 |
| Bicarbonato de sódio 8,4% 250ml | frascos | 4 | 3 |
| Terbutalino 0,5mg/ml e 1ml | ampolas | 20 | 3 |
| Hioscina + dipirona | ampolas | 45 | 3 |
| Hioscina simples 2ml | ampolas | 25 | 3 |
| Captopril 25mg | comprimidos | 6 | 3 |
| Deslanósido | ampolas | 6 | 3 |
| Ciprofloxacino 0,2% 100ml | frascos | 4 | 3 |
| Clonidina 150mcg e 1ml | ampolas | 8 | 3 |

# LOGÍSTICA DOS MEDICAMENTOS E DOS PRODUTOS PARA A SAÚDE

| Medicamento | Forma farmacêutica | Quantidade | Período da cota |
|---|---|---|---|
| Cloreto de sódio 20% 10ml | ampolas | 20 | 3 |
| Cloreto de potássio 19,1% 10ml | ampolas | 10 | 3 |
| Dexametasona 4mg/ml e 2,5ml | frasco/ampola | 18 | 3 |
| Morfina 0,2mg/ml e 1ml | ampolas | 15 | 3 |
| Morfina 2mg/2ml | ampolas | 15 | 3 |
| Dobutamina 250mg | ampolas | 3 | 3 |
| Efedrina, sulfato 50mg/ml | ampolas | 30 | 3 |
| Halotano | frascos | 5 | 3 |
| Isoflurano | frascos | 10 | 3 |
| Fentanila 50mcg/ml e 10ml | frasco/ampola | 25 | 3 |
| Fentanila 50mcg/ml e 2ml | ampolas | 20 | 3 |
| Glicose 50% 10ml | ampolas | 45 | 3 |
| Glicose 25% 10ml | ampolas | 30 | 3 |
| Gluconato de cálcio 10ml | ampolas | 30 | 3 |
| Haloperidol 5mg/ml | ampolas | 12 | 3 |
| Etomidato 2mg/ml | ampolas | 15 | 3 |
| Vitamina K 10mg/ml | ampolas | 2 | 3 |
| Cefalotina 1g | frasco/ampola | 150 | 3 |
| Furosemida 20mg/2ml | ampolas | 30 | 3 |

| Medicamento | Forma farmacêutica | Quantidade | Período da cota |
|---|---|---|---|
| Cetamina 50mg/ml e 10ml | frasco/ampola | 10 | 3 |
| Dipirona+adifenina+prometazina | ampolas | 35 | 3 |
| Omeprazol 40mg | frasco/ampola | 3 | 3 |
| Manitol 20% 250ml | frascos | 5 | 3 |
| Manitol 3% 2.000ml | frascos | 20 | 3 |
| Bupivacaína 0,5% com vaso 20ml | frasco/ampola | 40 | 3 |
| Bupivacaína 0,5% sem vaso 20ml | frasco/ampola | 40 | 3 |
| Naloxona clor 0,4mg/1ml | ampolas | 8 | 3 |
| Vecurônio brometo 4mg | ampolas | 12 | 3 |
| Nitrato de prata colírio | frascos | 5 | 3 |
| Noradrenalina 1mg/ml | ampolas | 15 | 3 |
| Dipirona 500mg/ml e 2ml | ampolas | 120 | 3 |
| Nalbufina 10mg/ml | ampolas | 20 | 3 |
| Metoclopramida 5mg/ml | ampolas | 60 | 3 |
| Neostigmina 0,5mg/ml | ampolas | 175 | 3 |
| Succinilcolina cloreto 500mg/10ml | frasco/ampola | 20 | 3 |
| Cloranfenicol 1g | frasco/ampola | 10 | 3 |
| Ringer simples 500ml | frascos | 20 | 3 |
| Ringer lactato 500ml | frascos | 250 | 3 |

# LOGÍSTICA DOS MEDICAMENTOS E DOS PRODUTOS PARA A SAÚDE

| Medicamento | Forma farmacêutica | Quantidade | Período da cota |
|---|---|---|---|
| Ceftriaxona 1g EV | frascos | 5 | 3 |
| Metoprolol 5mg | ampolas | 5 | 3 |
| Hidrocortisona 100mg | frasco/ampola | 3 | 3 |
| Hidrocortisona 500mg | frasco/ampola | 12 | 3 |
| Sufentanila sulfato 50mcg/ml e 2ml | ampolas | 25 | 3 |
| Oxitocina 5 UI | ampolas | 350 | 3 |
| Thionembutal 1g | frasco/ampola | 3 | 3 |
| Tenoxicam 20mg/2ml | frasco/ampola | 65 | 3 |
| Atracúrio 25mg | ampolas | 50 | 3 |
| Tramadol 100mg/2ml | ampolas | 35 | 3 |
| Vaselina estéril | ampolas | 20 | 3 |
| Vitamina C 500mg | ampolas | 15 | 3 |
| Diclofenaco de sódio 75mg | ampolas | 2 | 3 |
| Lidocaína com vasoconstritor 2% tubete | tubete | 8 | 3 |
| Lidocaína com vasoconstritor 2% 20ml | frasco | 20 | 3 |
| Lidocaína geleia 2% | tubo | 15 | 3 |
| Lidocaína pesada 5% 2ml | frasco | 30 | 3 |
| Lidocaína spray 50ml | frasco | 5 | 3 |
| Lidocaína 2% sem vasoc. 20ml | frasco | 100 | 3 |

Outra consideração importante a ser feita diz respeito ao tratamento que deve receber os produtos com maior movimentação. Para facilitar a sua intensa circulação no recebimento e na expedição, esses itens necessitam de uma localização estratégica na área de estocagem.

Algumas vantagens podem ser obtidas:
- redução do número de viagens entre as áreas de estoque (central de abastecimento e fornecimento – CAF, almoxarifado) e de dispensação (farmácias satélites);
- otimização da circulação interna do almoxarifado;
- melhor aproveitamento do tempo dos colaboradores.

## Materiais de estoque em um hospital

- Itens de enfermagem;
- itens de sutura e fios cirúrgicos;
- itens odontológicos;
- órteses;
- próteses;
- itens especiais;
- produtos consignados;
- instrumental cirúrgico;
- medicamentos (especialidades farmacêuticas);
- medicamentos manipulados;
- itens de manutenção (elétricos, hidráulicos, etc.);
- ferramentas;
- gêneros alimentícios (perecíveis, não perecíveis, dietas);
- itens de limpeza;
- itens descartáveis;
- itens de rouparia, lavanderia e congêneres;
- itens de escritório;
- itens de informática;
- ferramentas;
- outros.

A lista exibida nos mostra a variedade e complexidade de itens que compõe o arsenal de produtos utilizados em um hospital.

Cada item representa um grupo que se subdivide em vários subgrupos, os quais são compreendidos pelos produtos propriamente ditos. Por exemplo:

- *Materiais de enfermagem*:
  - esparadrapos;
  - cânulas traqueais;
  - cânulas endotraqueais;
  - cânulas de Guedel;
  - drenos de Penrose;
  - tubos de aspiração;
  - bolsa para colostomia;
  - coletores de urina (sistema aberto e fechado);
  - agulhas;
  - agulhas de Huber;
  - cateteres de embolectomia;
  - cateter de $O_2$;
  - seringas descartáveis;
  - equipos – macrogotas, microgotas, fotossensíveis, com injetor lateral, outros;
  - gelcos;
  - fios cirúrgicos (absorvíveis e não absorvíveis);
  - algodão;
  - ataduras de crepe;
  - ataduras gessadas;
  - gazes (compressas);
  - ambús;
  - campos operatórios;
  - telas;
  - sondas (aspiração traqueal, *foley*, retal, uretral e outras);
  - frascos a vácuo;
  - trocatheres;
  - curativos (esponja hemostática, carvão ativado, alginato);
  - bombas de infusão;
  - conectores;
  - outros materiais de enfermagem.

## Normatização dos estoques

Por causa de formalismo, estoques, de uma forma geral, necessitam de normas.

A normatização é o processo que estabelece normas e procedimentos, indicando a forma correta de execução das tarefas, rotinas e trabalhos relacionados com as necessidades de itens materiais para a organização empresarial.

Fazem parte das normas de um estoque:
- rotinas (procedimentos) – fluxos de trabalho;
- normas técnicas dos produtos estocados;
- normas técnicas dos equipamentos;
- listagem codificada dos estocáveis e não padronizados;
- normas sobre uso correto;
- normas sobre manutenção e conservação.
  - **Codificação**: ordenamento e agrupamento dos materiais, segundo um processo numérico, metódico e sistemático.
  - **Objetivos da codificação**: agregar famílias de materiais, facilitar a identificação, localização, controle, manuseio e processamento.

Para que a codificação seja uma ferramenta de controle e facilite a gestão dos materiais, deve atender alguns requisitos básicos:
- expansividade;
- unicidade;
- significância;
- conveniência;
- operacionalidade.

Neste aspecto o código de barras atende perfeitamente os requisitos de codificação e identificação do produto.

*Código de barras* – código gráfico geralmente acrescentado às embalagens, com o objetivo de padronizar a identificação do produto para o pronto atendimento (agilidade e eficiência na operação). No hospital, garante o acesso à informação em tempo real.

Vantagens da adoção do código de barras:
- redução de 30% a 40% na digitação convencional;
- controle preciso dos estoque fica possível;
- agilidade no registro e obtenção de informações;
- eficiência no abastecimento das unidades;
- agiliza a atualização de dados dos pacientes;
- rastreabilidade.

A Anvisa tornou obrigatória a rastreabilidade em medicamentos, produtos para saúde e equipamentos com a publicação da RDC nº 319 de 2020.

▶ Rastreabilidade é a capacidade de traçar o histórico, a aplicação ou a localização de um item por meio de informações previamente registradas.

A rastreabilidade de medicamentos implica a possibilidade, a partir de uma drágea, encontrada na farmácia hospitalar, de identificar a origem do medicamento, bem como todo seu ciclo desde a produção. No Brasil, a RDC nº 54 de 10 de dezembro de 2013, inicialmente dispôs sobre a implantação do sistema nacional de controle de medicamentos e os mecanismos e procedimentos para rastreamento de medicamentos na cadeia dos produtos farmacêuticos. Esta mesma RDC definiu rastreamento de medicamentos como sendo um "conjunto de procedimentos que permitem traçar o histórico, a aplicação ou localização de medicamentos, por meio de informações     previamente registradas, mediante sistema de identificação exclusivo dos produtos, prestadores de serviço e usuários, a ser aplicado no controle de toda e qualquer unidade de medicamentos produzido, dispensado ou vendido no território nacional".[12]

Com esta resolução, os medicamentos passaram a ter o IUM (Identificador Único de Medicamento), uma série de caracteres numéricos, alfanuméricos ou especiais, criada por meio de padrões de codificação que permitem a correta identificação, sem equívocos e precisa, de dada unidade específica de medicamento comercializada no mercado. No IUM passa a existir um serial que contém uma numeração individual, não repetitiva, de 13 dígitos, correspondente a cada unidade de medicamento a ser comercializado no Brasil, codificada no código de barras bidimensional e inscrita de forma legível na embalagem de comercialização (ANVISA).

Resumindo, a embalagem deve apresentar:
▶ número de registro do medicamento na ANVISA;
▶ número serial;
▶ data de validade: MM/AA;
▶ número do lote.

A Resolução 319 de 12/11/2019 (ANVISA), alterou o texto da RDC 157 de 2017, que trata da implantação do Sistema Nacional de Controle de Medicamentos (SNCM) e os mecanismos e procedimentos para o rastreamento de fármacos. O SNCM tem como objetivo acompanhar os medicamentos em toda a cadeia produtiva, desde a fabricação até o consumo pela população. Para que isso ocorra, serão necessárias tecnologias que possam realizar a captura, armazenamento e transmissão eletrônica de dados.

---

[12] Ministério da Saúde, Resolução nº 54 de 10 de dezembro de 2013. Disponível em http://bvsms.saude.gov.br/bvs/saudelegis/anvisa/2013/rdc0054_10_12_2013.html. Acessado em 28/09/2015.

## Impacto econômico dos estoques

Toda empresa, do ponto de vista contábil, é formada pelo seu *ativo* e pelo seu *passivo*. O ativo compreende seus bens e direitos; o passivo, suas obrigações. Ou seja:
- ativo + passivo = patrimônio da empresa;
- (bens + direitos) – obrigações = patrimônio líquido.

Os estoques de uma empresa fazem parte do seu ativo, são o seu patrimônio, portanto, e representam o seu capital. Administrar mal um estoque significa "imobilizar" parte desse capital por tempo indeterminado, pois um produto adquirido que não é usado em tempo oportuno torna-se prejuízo para o hospital.

Imaginemos certa quantidade de um produto de alto custo que não é utilizada por mais de trinta dias. Após saldar a dívida com o fornecedor, sem que esse produto seja consumido, a despesa, pela não movimentação, torna-se onerosa e pesada demais para a empresa.

Grandes corporações, independentemente da área de atuação, primam por um controle de estoque eficaz e constante. Reposições são feitas com intervalos de tempo cada vez menores, gerando posições de estoque sempre próximas da demanda. *Just in time* ou *on demand* são termos que evidenciam o uso desse recurso, mas devemos ter todo o cuidado nesse tipo de operação, pois não pode haver falta de produtos.

Há pouco mais de duas décadas, era comum percorrer hospitais e notar os almoxarifados com estoques suficientes para trinta, sessenta, noventa dias ou mais. Era um reflexo da precaução que os administradores da época se viam obrigados a tomar, pois a inflação daquele período corroía estoques e capitais. Atualmente, mais precisamente nos últimos dez anos, substituiu-se esse procedimento por dois motivos:
- aproveitar melhor o dinheiro utilizado em estoques (custos de capital);
- otimização de estoques.

## Inventário

Utilizado como importante parâmetro para a manutenção e controle dos estoques, o inventário é um recurso muito comum nos hospitais, principalmente quando adotado de forma estratégica.

Trata-se do levantamento do patrimônio: confronto do físico com o documentado. Deve ser realizado pelo menos 1 (uma) vez por ano e sempre como ferramenta de auditoria.

Compreende as seguintes fases:
1) Levantamento
2) Confrontação
3) Verificação
4) Análise
5) Acerto físico/contábil

Os tipos mais comuns de inventário são:
- *periódico* – com intervalo de tempo definido;
- *permanente* – sempre que o produto é movimentado;
- *especial* – eventual por razões específicas (desvios, auditorias, entre outras).

O inventário busca identificar incongruências nas quantidades estocadas. Essas diferenças no estoque se devem a inúmeros fatores, sendo motivo de constante preocupação dos farmacêuticos e gestores de estoque.

As razões para essas diferenças se resumem em:
- erros de digitação no recebimento ou em qualquer outra etapa do processo logístico dentro do hospital ou serviço de saúde. Por exemplo, na dispensação feita pela farmácia ou almoxarifado;
- contagens inadequadas;
- perda de documentos relacionados ao estoque: notas fiscais, comprovantes de atendimento, romaneios, vales;
- subtração de produtos (desvios por roubo);
- não anotação de perdas como quebras ou produtos sem condições de uso;
- erros de atendimento (qualitativos e quantitativos);
- falhas no sistema informatizado por causa da configuração incorreta.

A realização de um inventário requer planejamento como condição indispensável para que ocorra.

Antes de executar o inventário é preciso:
- definir a aceitabilidade dos resultados: qual a tolerância inicial para a margem de acurácia entre as diferenças? Esse grau de aceitabilidade deve ser dinâmico e desafiador;
- comunicar a todos os envolvidos na contagem, com antecedência para que possam se organizar. O tempo para a comunicação pode ser de pelo menos 15 dias. Destaco os setores: enfermagem, compras, almoxarifado, corpo clínico e outros envolvidos com as rotinas de atendimento da farmácia e almoxarifado;
- organizar a farmácia e almoxarifado definindo as equipes de contagem, no mínimo duas. Definir papéis e responsabilidades de cada colabo-

rador, tempo proposto de contagem, além de eleger um líder para a contagem (que é fundamental). Os locais de contagem devem estar organizados, porém não se recomenda contagens prévias;
- eliminar todas as pendências, como notas fiscais que não tenham ainda sido alimentadas no estoque, requisições a liberar, entre outras;
- estabelecer fluxo alternativo para a contagem. Havendo mais de uma farmácia no hospital, busca-se um rodízio durante a contagem entre a farmácia central e as satélites;
- definir os procedimentos de contagem, com treinamentos e simulações para os envolvidos. Havendo sistema informatizado no hospital, elaborar plano alternativo, caso haja falta de energia ou pane no sistema.

## ACURACIDADE DO INVENTÁRIO

O resultado do inventário aponta para a qualidade na gestão dos estoques. Desse modo, além de uma ferramenta que atesta a precisão dos estoques, o inventário também pode ser utilizado como elemento constituinte de uma política de qualidade.

O resultado do inventário pode ser aferido por meio de sua acurácia – palavra que vem do inglês *accuracy* e significa precisão, exatidão e rigor. A acuracidade consiste na apuração do estoque real confrontando-o com o estoque documentado, ou estoque lógico. Ela é um indicador de eficácia, calculado com base na quantidade de itens com saldo correto dividida pela quantidade de itens verificados, multiplicada por 100. Quando não existe acuracidade, os riscos de sobras e faltas de produtos passam a ser relevantes, trazendo muitos problemas para a gestão, pois muitos desses itens serão comprados sem necessidade enquanto outros faltarão nos estoques.

Informações precisas dos estoques apontam para decisões gerenciais seguras. O resultado percentual de acurácia deve ser o mais próximo possível de 100%, atestando níveis de controle de estoques desejados. No mercado farmacêutico-hospitalar, admitem-se como satisfatórios índices próximos a 97,5% – ou seja, com apenas 2,5% de divergência. Mas é importante ressaltar que cada número ou resultado deve ser analisado particularmente, pois um número baixo ainda assim pode ter grandes repercussões.

## Previsão de estoque

O hospital não é um segmento em que se determina facilmente a quantidade de produtos a ser comprada para o próximo período. Aliás, esse tipo de cálculo é um desafio para todos os gestores de estoques, nos mais variados segmentos. Estoque significa patrimônio; portanto, a previsão feita de forma negligente traz sérias consequências às finanças de um hospital.

Algumas fórmulas matemáticas podem contribuir para uma eficiente previsão:
- consumo médio (CM) no período, também chamada de *média aritmética móvel*, é a soma dos últimos períodos dividida pelo número de períodos;
- CM = soma dos *n*/número de *n*.

Para se obter, por exemplo, o consumo médio dos últimos seis meses, somam-se os valores de consumo do mês 1 + mês 2 + mês 3 + mês 4 + mês 5 + mês 6 e divide-se por 6.

Os valores atribuídos a *n* devem ter unidades de consumo uniformes, ou seja, se o hospital consome em cápsulas, mas compra em caixas fechadas, deve ter muito cuidado na manipulação desses números.

> **ATENÇÃO**
> *n* não é somente aplicado aos meses. Muitos autores referem-se exclusivamente aos períodos mensais, mas podemos aplicar *n* também para dias, anos, trimestres, etc.

> **IMPORTANTE**
> É conveniente que *n* seja superior a 3 e inferior a 12. Isso se deve à obtenção de um resultado mais fiel e com menor interferência das oscilações do consumo.

### ESTOQUE MÍNIMO

O nível de reposição será a quantidade necessária para atender o período de abastecimento, seguindo a previsão de consumo determinada pela média aritmética móvel *mais* o estoque de segurança. Assim:
- Q = ES + (TR × D)
    sendo: Q = quantidade a ser adquirida;
    ES = estoque de segurança;
    TR = tempo de reposição;
    D = demanda média.

O estoque mínimo também pode ser chamado *ponto de ressuprimento*, por apontar o momento em que o estoque deve ser reabastecido.

Porém, não podemos deixar de citar o estoque de segurança (ES), que significa a última tolerância em quantidade ou período para abastecimento. Por exemplo, se um item apresenta:
- ES = 100 unidades;
- consumo médio mensal = 300 unidades;
- TR = 10 dias;

significa que ES é igual a 10 dias; portanto a gestão da compra deve se iniciar sempre com prazo suficiente para a chegada do produto. Portanto, o ES deve ser sempre suficiente para início e término de um tratamento.

ESTOQUE MÁXIMO

- Emáx. = CMM × T,

    sendo: $E_{máx.}$ = estoque máximo;
    CMM = consumo médio mensal;
    T = tempo de duração do estoque (valor variável).
- *lote de reposição* – trata-se da quantidade necessária para elevarmos os estoques aos níveis ideais e é determinado pela seguinte fórmula:
- LR = Emax – ES.

## Curvas ABC

Podemos definir curvas ABC como uma ordenação de itens de acordo com as quantidades e os valores em estoque. Funcionam como um instrumento de análise e gestão de materiais. Ou seja, as curvas ABC são um modelo gráfico que possibilita a ordenação de itens por suas importâncias relativas, e serve como instrumento visual de análise e determinação de prioridades para efeito de tomada de decisão.

As curvas ABC podem ser aplicadas:
- na gestão de compras;
- na gestão de estoques;

e nos mostram que um grupo de itens, mesmo com quantidades pequenas no estoque, pode concentrar o maior valor total. Por outro lado, um grupo que possui a maioria dos itens concentra o menor valor em estoque.

Questões sobre as curvas ABC:
- revisar os tempos-padrão de todas as operações que envolvam movimentação de itens no estoque;
- verificar a margem de contribuição no faturamento total, definindo-se os produtos mais importantes dentro de sua espécie (medicamentos, materiais, etc.);
- realizar alterações na disposição física dos estoques, com o objetivo de adotar uma programação adequada;
- definir produtos com baixa margem de contribuição;
- definir a frequência dos inventários e principais produtos a serem controlados;

- definir uma política de compras e as quantidades de materiais a serem mantidos em estoque;
- elaborar estratégias de gestão (de acordo com o capital de giro: alto ou baixo).

## As categorias A, B, C / X, Y, Z

### CATEGORIA A

Trata-se dos produtos mais importantes, financeiramente, para a empresa. Portanto merece um tratamento diferenciado. Possuem procedimentos meticulosos e atenção maior da administração hospitalar. Os níveis de estoque da curva A devem ser controlados rigorosamente, e os estoques de segurança devem possuir os níveis mais baixos. Os produtos pertencentes a essa curva não podem ficar parados por muito tempo no estoque. Seu consumo dentro do hospital merece vigilância diária, o que obriga o gestor a desenvolver procedimentos seguros de controle.

O recebimento, qualitativo e quantitativo, também merece preocupação especial. Perdas por mau armazenamento ou deterioração significam prejuízos injustificados.

### CATEGORIA B

Também são itens financeiramente importantes, e não dispensam atenção, tratamento e procedimento de planejamento e controle. O nível de estoque desses produtos requer controle preciso; entretanto, não tão rigoroso como os da curva A. Finalmente, seu consumo deve ser controlado, e seu armazenamento requer também atenção especial.

### CATEGORIA C

Grupo não tão importante financeiramente. Seu controle e consumo não merecem atenção tão especial quanto os das curvas A e B. O que não quer dizer que se deva deixá-lo de lado.

PERCENTUAIS ABC

| Classe | % itens (quantidade) | % valor do estoque-R$ |
|---|---|---|
| A | 10-15 | 65-70 |
| B | 20-30 | 20-30 |
| C | 65-70 | 10-15 |

Os valores dos percentuais das curvas são dados por convenção, ou seja, pode haver pequenas diferenças de um autor para outro, mas estarão em torno dos números mostrados. Cabe ao gestor, mais uma vez, estabelecer a margem do percentual a ser adotado. Para tanto, existem alguns critérios que podem cooperar para essa definição:
- dimensão do hospital;
- importância do item para o hospital, com seu grau de utilização e valorização;
- estrutura do hospital.

Objetivos das curvas ABC:
- oferecer um tratamento especial para os itens mais importantes, no caso os da curva A;
- diagnosticar quais serão esses itens;
- implantar estratégias para a gestão dos estoques;
- servir de indicador para gastos com produtos de alto custo (curva A);
- propiciar ao hospital maior liquidez quando aumentar o giro de alguns produtos.

### ELABORAÇÃO DO GRÁFICO ABC

- *Passo 1 – coleta de dados:*
  - levantamento de todos os produtos a serem classificados;
  - a existência de uma padronização dos produtos estocados facilita muito esse procedimento;
  - deve-se ter máxima atenção nas formas de apresentação dos medicamentos;
  - em muitos casos, um produto pode ser da curva A na forma injetável e da curva B na forma de cápsulas, ou vice-versa.
- *Passo 2 – levantamento dos custos médios:*
  - custo médio são os valores das últimas aquisições realizadas;
  - os valores de aquisição podem oscilar linearmente de uma compra para outra, fato que exige toda a atenção do comprador;
  - se for feita uma compra de urgência, há grande probabilidade de se pagar mais pelo produto. Por exemplo:
    - compras de penicilina cristalina
      - mês 1: R$ 1,50;
      - mês 2: R$ 1,17;
      - mês 3: R$ 1,39;
      - mês 4: R$ 1,49;

- mês 5: R$ 1,35;
- custo médio: R$ 1,38 (soma das últimas compras dividida pela quantidade de compras no período). Outra opção é utilizar a fórmula de custo médio:
  - quantidade do estoque anterior × valor do custo médio + quantidade de entrada × valor de entrada;
  - quantidade do estoque anterior + quantidade de entrada.

▶ *Passo 3 – inventário:*
- consiste na contagem de todo o estoque para, em seguida, multiplicar as quantidades existentes de cada item pelo seu custo médio. Após isso, deve-se calcular o valor total do estoque para aplicar os percentuais das curvas. Por exemplo:

| Medicamento | Quantidade | Custo médio | Total |
|---|---|---|---|
| Penicilina cristalina | 120 | R$ 1,38 | R$ 165,60 |
| Ciprofloxacina (cprs) | 300 | R$ 2,50 | R$ 750,00 |
| SF 0,9% 1.000ml | 2.500 | R$ 1,12 | R$ 2.800,00 |
| Captopril 12,5mg (cprs) | 450 | R$ 0,11 | R$ 49,50 |
| Dipirona (ampolas) | 880 | R$ 0,15 | R$ 132,00 |
| Diazepan (ampolas) | 45 | R$ 1,20 | R$ 54,00 |
| Dexametasona (frs inj) | 123 | R$ 0,85 | R$ 104,55 |
| Vitamina C (ampolas) | 245 | R$ 0,16 | R$ 39,20 |
| Metildopa 250mg (cprs) | 87 | R$ 0,14 | R$ 12,18 |
| Cefalotina 1g (frs inj) | 990 | R$ 2,00 | R$ 1.980,00 |
| Complexo B (cprs) | 65 | R$ 0,05 | R$ 3,25 |
| Albumina humana | 120 | R$ 45,00 | R$ 5.400,00 |
| Claritromicina (inj) | 32 | R$ 20,00 | R$ 640,00 |
| Heparina 5ml (frs) | 200 | R$ 1,00 | R$ 200,00 |
| Clortalidona | 120 | R$ 0,19 | R$ 22,80 |
| Verapamil 80mg (cprs) | 34 | R$ 0,36 | R$ 12,24 |
| Ceftriaxona 1g (ev frs) | 300 | R$ 5,00 | R$ 1.500,00 |
| Codeína gotas (frs) | 12 | R$ 12,00 | R$ 144,00 |

*(Continua)*

| Medicamento | Quantidade | Custo médio | Total |
|---|---|---|---|
| Teofilina 100mg (cáps) | 30 | R$ 0,99 | R$ 29,70 |
| Lorazepan 1mg (cprs) | 24 | R$ 0,88 | R$ 21,12 |
| Água destilada 10ml (amp) | 10.000 | R$ 0,15 | R$ 1.500,00 |
| Cinarizina 25mg (cprs) | 122 | R$ 0,23 | R$ 28,06 |
| Furosemida (cprs) | 268 | R$ 0,25 | R$ 67,00 |
| Bromoprida (cáps) | 25 | R$ 1,78 | R$ 44,50 |
| Sucralfato 500mg (cáps) | 50 | R$ 0,25 | R$ 12,50 |
| Ibuprofeno (cprs) | 39 | R$ 0,45 | R$ 17,55 |

▶ *Passo 4 – classificação decrescente:*
- organizar a tabela formulada no inventário e classificar os itens em forma decrescente, de acordo com seu valor.

▶ *Passo 5 – agrupamento:*
- agrupar os itens A, B e C e, em seguida, construir o gráfico.

CATEGORIAS X, Y E Z (CURVA DA CRITICIDADE)

Enquanto a curva ABC classifica o item conforme sua importância financeira no estoque, a curva da criticidade, ou curva XYZ, tem outro objetivo – aliás, bem distinto: o de verificar a importância clínica dos produtos.

A curva da criticidade é quase que exclusivamente utilizada para medicamentos, e trata-se de uma ferramenta de apoio para a decisão de compra, pois cria diferentes graus de prioridade para esses medicamentos.

A curva XYZ pode ser associada à curva ABC gerando alguns itens, como:

AX BX CX
AY BY CY
AZ BZ CZ

As propriedades dos itens XYZ são definidas na tabela a seguir.

A curva da criticidade também é conhecida como curva VEN, de modo que V corresponde a vital (equivale ao Z), E a essencial (equivale ao Y) e N a não essencial (equivale ao X).

Seguem abaixo alguns exemplos de itens de alta criticidade:
▶ repositores volêmicos;

| Itens | Propriedades |
|---|---|
| X | Pouco importante para o funcionamento do hospital. Este item pode ser facilmente substituído por outros. |
| Y | A falta deste item não traz grandes preocupações, é de aplicação média. |
| Z | Trata-se de item vital, essencial, crítico, e que não apresenta similares. Sua falta pode trazer sérios danos. |

- fibrinolíticos;
- antibióticos;
- surfactantes pulmonares;
- antídotos;
- catecolaminas usadas em emergência.

## Fatores que alteram o consumo médio

Chamamos de *sazonalidade* as interferências extrínsecas e intrínsecas que um estoque pode sofrer.

### Fatores extrínsecos

- *Epidemias* – surtos ocorridos em determinada região, independentemente do âmbito, que afetam substancialmente o consumo de certos itens, principalmente medicamentos.
- *Variações climáticas* – as várias estações do ano modificam profundamente os consumos. Por exemplo: antibióticos no inverno e no verão.
- *Descontinuidade* – muitos medicamentos deixam de ser fabricados de forma inesperada, impulsionando o consumo de outros com efeito semelhante.
- *Questões sanitárias/legais* – podem ocorrer interdições de um lote ou até mesmo o impedimento da comercialização de uma marca por questões de farmacovigilância.

### Fatores intrínsecos

- *Surto de infecção hospitalar* – localizado dentro da própria unidade, pode alterar, principalmente, o volume de antibióticos dispensados. Em muitas ocasiões, para debelar as consequências de um surto de infecção hospitalar (IH), deve-se utilizar medidas emergenciais, como reeducação dos profissionais (educação continuada), uso de antibióticos diferentes dos empregados e com maior espectro, além de outras possibilidades. Mas, sem dúvida, o passo inicial deve ser o de identificar a causa desse fato.

- *Obsoletismo* – logo após um item ser considerado ultrapassado do ponto de vista terapêutico, outro medicamento é adotado nas condutas. Como é raro o médico sinalizar esse fato, cabe ao farmacêutico identificar essa mudança, analisar a substituição e, se for o caso, alterar a padronização de medicamentos.
- *Mudança de condutas* – independentemente da qualidade do produto, uma simples troca de equipe médica pode trazer modificações nos itens utilizados.
- *Marketing da indústria farmacêutica* – as visitas dos laboratórios ao ambiente médico-hospitalar, caso não sejam bem coordenadas, podem trazer solicitações e, posteriormente, alterações indesejáveis no consumo. A ação da indústria farmacêutica é importante e necessária, mas critérios e regras devem ser criados. O acesso desses profissionais da propaganda ao médico não precisa ocorrer a todo momento, em qualquer local do hospital.

A França experimenta um modelo em que esses encarregados da promoção de medicamentos não têm acesso aos médicos dentro do ambiente hospitalar. Somente o farmacêutico pode recepcioná-los. Esse profissional então colhe as informações, avalia-as, cataloga-as e as repassa, em outro momento, aos médicos.

No Brasil, a grande maioria das farmácias hospitalares ainda não possui estrutura capaz de servir como multiplicador da indústria farmacêutica. É preciso que a farmácia se organize e, juntamente das chefias médicas, atenda os profissionais da propaganda.

## Valores de estoque

A determinação dos valores do estoque é obrigatória por dois motivos:
- *ponto de vista contábil* – a controladoria ou o departamento financeiro aguardam, no final de cada mês, o valor das movimentações financeiras que envolvem o estoque. É um procedimento necessário para atender à legislação fiscal e também à gestão, em um sentido mais amplo (por exemplo: determinação da sinistralidade);
- *gestão dos estoques* – envolve manutenção da flutuação, rotatividade e controle dos estoques.

Há três possibilidades para se valorizar o estoque:
- *método conhecido como First In First Out (FIFO)*, ou seja, o primeiro a entrar no estoque é o primeiro a sair (em português, PEPS). Traz cooperação marcante aos princípios de armazenamento. Pode-se adotar o primeiro que vende, primeiro que sai (PVPS) para dar maior segurança;
- *método conhecido como Last In First Out (LIFO)*, ou seja, o último a entrar é o primeiro a sair (em português, UEPS);
- *custo médio* – valores de custo das últimas compras. Estipula o valor do estoque (valor real).

## Custos de estoque

O estoque gera custos diretos e indiretos. Custos diretos são aqueles que dizem respeito ao valor das mercadorias propriamente dito. Mas, além desses valores, há outros indiretos que incidem sobre as mercadorias e são relacionados ao valor total do estoque. São eles:
- custos de manutenção – juros (12% a 25%), seguros (1% a 3%), impostos (1% a 3%), armazenamento (1% a 4%), obsoletismo/furto/deterioração (5% a 10%), total – 20% a 45%;
- salários e encargos dos funcionários;
- gastos com impressos, materiais de escritório, telefone, internet, etc.

Sobre os custos de estoque, ainda há um valor subjetivo, que é quanto o capital, representado na forma de mercadoria, desvaloriza quando parado. Por isso, os métodos de reposição de estoque do tipo *on demand* são os preferidos.

Pouca mercadoria, alto giro; baixo estoque, maior capital disponível.

## Indicadores da administração de materiais

Existem alguns dados que funcionam como indicadores da gestão de materiais. São eles:
- *custo de um pedido* – divide-se o custo do setor de compras pelo número total de aquisições efetuadas no período. Diz-se que o resultado não pode ser superior a 10 dólares.
- *número de compras* – cerca de duzentas aquisições por comprador/mês.
- *giro de estoque* – reflete o número de vezes em que o estoque "gira", ou seja, é substituído em um determinado período. Para isso, utiliza-se a seguinte fórmula:

- giro = consumo no período (em unidades)/estoque médio no período (em unidades).

Por exemplo: um hospital consome mil frascos de cefalotina de 1 g injetável/mês, e possui um estoque médio de 2 mil frascos. O giro da cefalotina será de 0,5 g.

O giro de estoque também pode ser definido como a demanda anual dividida pelo estoque médio.

*Concluindo*: em qualquer situação, quanto maior for o giro, maior será a efetivação de compras e com maior frequência, exigindo controle e agilidade desse setor. Também será menor a imobilização de capital financeiro, fazendo as operações de compra serem cada vez mais efetivas. Mas atenção: nem sempre estoques elevados significam falta de agilidade das compras ou mesmo aproveitamento inadequado do capital. No caso de os valores do giro serem baixos, significa que há um volume elevado de estoque. Essa é, portanto, uma situação de risco.

## Recebimento de produtos

O ciclo da compra é finalizado no momento em que as mercadorias chegam à unidade hospitalar. No entanto, existem alguns cuidados ou recomendações básicas que devem ser observados quanto ao produto que está sendo recebido.

É importante lembrar, ainda, que um produto pode ficar meses, dependendo da situação, sem ser movimentado, e caso não seja detectada alguma anormalidade no recebimento, não haverá possibilidade de troca. Somente em raríssimos casos o fabricante aceitará trocar produtos danificados após o tempo de tolerância.

Aqui vão algumas observações importantes:
- verificar as condições (aspectos gerais) do produto – integridade da embalagem (não pode haver indícios de violação), condições de temperatura (termolábil), instruções de uso (se materiais ou equipamentos);
- em caso de medicamentos, verificar se o nome do produto recebido é o mesmo que foi solicitado. Isso se aplica à forma farmacêutica e à dosagem (concentração);
- conferir se os preços unitários e totais são os mesmos que foram negociados;
- conferir se as quantidades recebidas são as mesmas solicitadas;
- ficar atento à data de validade para não correr o risco de receber produtos com data de vencimento muito próxima;

- produtos registrados devem possuir impresso o número de registro em seu rótulo;
- se os produtos médicos forem dispensados de registro, deverá constar na embalagem os dizeres "Declarado isento de registro pelo Ministério da Saúde";
- seria interessante que as empresas fornecedoras informassem em suas embalagens "Proibida a venda no comércio", pois isso traz maior segurança ao estoque;
- caso se trate de produto sujeito ao controle especial(portaria 344/1998) deverá existir um fluxo para a retenção de uma das vias da nota fiscal ou de uma cópia.

*Resumindo:* o recebimento deve atender aos requisitos de qualidade.

## A administração de estoques em órgãos públicos

O conceito de gerenciamento em empresas públicas tem total semelhança com a condução administrativa das instituições privadas. Entretanto, uma empresa pública, seja ela municipal, estadual ou federal, terá seu quadro funcional formado por funcionários públicos. Assim, algumas particularidades podem ser observadas.

No funcionalismo público, além da objetividade, preceitos morais e legais devem sempre prevalecer. Esses preceitos são subsídios obrigatórios na administração pública, pois envolvem permanentemente o objetivo de servir ao bem comum.

O administrador público tem por obrigação comportar-se de maneira a respeitar fielmente as leis, fazendo somente aquilo que é permitido e nunca contrariar ou omitir as normas. Isso pode ser chamado de *moral legal*, um conceito que reúne obediência à legislação e atitude ética. Entretanto, além da moralidade legal, o administrador público deve guiar-se pelos princípios da moral comum e da finalidade, ou seja, não praticar ações que prejudiquem os outros, não invadir esferas administrativas alheias, e não obter, para si próprio, vantagens que violem o equilíbrio da cidadania. Dessa forma, o bem comum será alcançado.

O servidor público tem alguns deveres:
- agir, caso observe o cometimento de alguma falha, sob pena de ser responsabilizado por omissão ou por não ter se manifestado;
- ser eficiente, no sentido de que todo agente público deve realizar suas funções com presteza, perfeição e rendimento funcional;
- probidade, pois deve ter conduta honesta, sem jamais lesar os bens e direitos de alguém, em especial do Estado;

- prestar contas à administração pública, pois é uma prática natural, uma vez que o servidor é encarregado da gestão de bens, serviços e interesses que não lhe pertencem.

## Os controles

Todas as ações praticadas pelo governo, sejam em que nível for, são controladas pelo Poder Legislativo.

Trazendo a questão para o âmbito dos estoques e da utilização de recursos materiais, uma das formas de controle exercido pelo Estado é aquela que tem um princípio basicamente finalista e que visa o enquadramento do órgão fiscalizado na filosofia adotada pelo governo. Busca-se, assim, garantir a harmonia de objetivos entre os múltiplos órgãos e as entidades vinculados ao poder público.

A Constituição de 1988 determina que todos os órgãos do Estado mantenham sistemas de controle interno. Caso alguém tome conhecimento de irregularidades, deve levar ao conhecimento de seu superior ou, dependendo do caso, ao Tribunal de Contas, sob pena de corresponsabilidade nos atos ilícitos.

No âmbito dos materiais, os controles internos constituem-se de toda a documentação existente sobre a movimentação realizada nos estoques. Parte-se da premissa da rastreabilidade, o que torna obrigatório saber: *quanto*, *quando*, *para quem* ou *por quem* e *como foi enviado ou recebido*.

No caso do controle externo, o órgão responsável é o Tribunal de Contas (federal, estadual e municipal). É ele que tem a função de fiscalizar e comprovar a probidade da administração, bem como a regularidade da guarda e emprego dos bens, valores e dinheiro público, assim como a fiel execução do orçamento.

### FUNÇÕES DO TRIBUNAL DE CONTAS

- Parecer prévio sobre as contas prestadas anualmente pelo chefe do executivo do município, Estado ou União.
- Julgamento das contas dos administradores e demais responsáveis pelo dinheiro, bens e valores públicos da administração direta e indireta, ou ainda de todos aqueles que deram causa à perda, ao extravio ou irregularidade que dê prejuízo ao erário público.
- Aplicação das sanções previstas na lei aos responsáveis pelas irregularidades apuradas.
- Fixação de prazo para que o órgão ou entidade adote as providências necessárias ao exato cumprimento da lei.

É importante frisar, ainda, que os tribunais de conta só agirão após a verificação de alguma irregularidade, pois não há controle prévio sobre tais ações.

Os controles podem ser efetuados por meio de auditoria, ou seja, exame analítico e pericial que segue o desenvolvimento de operações contábeis, envolvendo quantidades fiscais e valores financeiros. Nos órgãos públicos, a auditoria de estoques objetiva proteger a aplicação de verbas, ou melhor, verifica se as verbas estão sendo utilizadas em finalidades lícitas.

Uma auditoria de estoques tem como objetivos:
- certificar-se de que os valores adquiridos estão representados por quantidades físicas;
- certificar-se de que há coerência nos valores pagos em relação ao mercado;
- certificar-se de que todos os procedimentos de apuração de estoques e avaliação de inventários estão corretos;
- verificar se não há itens obsoletos ou sem movimentação no estoque;
- certificar-se de que a utilização dos itens foi feita com finalidades lícitas.

Para atingir os objetivos citados, a fiscalização do Tribunal de Contas regularmente feita sob os seguintes parâmetros:
- revisão das verbas fornecidas ao órgão;
- apuração do saldo monetário em caixa e contas correntes dos agentes administrativos detentores dessas contas;
- verificação da documentação relativa às licitações e compras diretas realizadas;
- exame da documentação fiscal (recebimento) e dos documentos internos de movimentação;
- realização de inventário.

Causas mais comuns de irregularidades:
- balanços não padronizados;
- ausência ou falta de controle;
- erros no inventário;
- descumprimento das normas legais nas licitações;
- erros no recebimento.

## Penalidades para os servidores públicos

As infrações que podem ser cometidas pelos servidores públicos são de três ordens:

- administrativa;
- civil;
- criminal.

Essas infrações devem ser julgadas e aplicadas no âmbito interno da administração e perante a justiça comum.

A responsabilidade administrativa resulta da violação de normas internas da administração, o que dá ensejo à aplicação de pena disciplinar, que é aplicada na seguinte ordem crescente de gravidade:

- advertência;
- suspensão;
- demissão;
- cassação de aposentadoria;
- destituição de cargo em comissão;
- destituição de função comissionada.

Entre as penas possíveis, a autoridade escolherá aquela que melhor se encaixar no problema verificado. Nesse sentido, elas terão a função de reeducar o funcionário e reprimir o cometimento de novas faltas. Já a responsabilidade civil é a obrigação que se impõe ao servidor de reparar o dano causado à administração por culpa ou dolo no desempenho de suas funções. No entanto, ela se extingue após o servidor realizar a indenização do dano ao Estado.

A responsabilidade criminal se dá por meio do cometimento de crimes que constam nos códigos civil e criminal, e as penas serão aquelas previstas na lei. É possível um servidor ser enquadrado nos três tipos de responsabilidade citados.

Por último, caso se comprove enriquecimento ilícito a custa de crime praticado contra a administração, seja por influência, seja por abuso do cargo público, poderá haver sequestro e apreensão de bens. Em todas essas circunstâncias, não seria óbvio dizer que sempre será dado ao servidor o direito de defesa perante as acusações recebidas.

Para finalizar, os atos ilícitos da administração podem ser apurados de duas formas:

- *sindicância* – procedimento interno, sumário e destinado à elucidação de irregularidades para posterior instauração de processo.
- *processo administrativo* – meio de apuração e punição de faltas graves cometidas por servidores públicos.

# Compras em farmácia hospitalar 4

Se a gestão dos estoques é considerada um dos itens fundamentais para a saúde financeira de uma empresa, no caso o hospital, não será diferente com o departamento de compras. Afinal, esse é o setor responsável por atender à demanda, é o gerador de despesas, pois gasta com aquisições. Mas se as compras são a resposta ao consumo, por que considerá-las despesas?

O montante gasto com a renovação do estoque pode ultrapassar 50% do total obtido com a venda dos produtos.

Talvez se possa polemizar sobre esse conceito, entretanto, não há como negar que planejamento, estratégia e boas condições de negociação contribuem para melhores compras, consequentemente, melhores margens de lucro para a instituição.

O procedimento de comprar atende às necessidades geradas pela demanda. Assim, uma empresa hospitalar pode comprar:

- *produtos* – medicamentos, materiais médico-hospitalares, itens de manutenção, produtos de papelaria, impressos, etc.
- *serviços* – unidades de diagnóstico, lavanderia, manutenção, etc.

Para que um departamento de compras consiga desenvolver suas funções de maneira eficiente e com eficácia, deverá possuir alguns requisitos fundamentais:

- Cadastro de todos os fornecedores, contendo:
  - variedade de informações comerciais e institucionais;
  - organização dos cadastros com permanente atualização;
  - informações precisas dos fornecedores como contatos, valores das últimas compras, dados sobre pontualidade na entrega, últimas quantidades compradas, aspectos da qualidade, etc.
- Informações técnicas sobre os produtos utilizados – consistem em catálogos, manuais técnicos sobre os produtos, informativos em geral. Muitas aquisições exigem profissionais com preparo técnico e experiência. Seja no caso dos medicamentos com seus importantes e precisos dados técnicos, seja no caso dos materiais médico-hospitalares com suas minúcias e especificações, o apoio de um material informativo é extremamente necessário.

As compras precisam *sempre* ser realizadas nos momentos corretos; portanto, comprar não deve ser um procedimento mecânico, automático e empírico. Uma operação de compra tem finalidades básicas, como:

- suprir as necessidades geradas pelo consumo;
- obter sempre a melhor negociação;
- buscar a qualidade e o menor preço;
- procurar agilidade na entrega;
- manter uma rede de relacionamento com fornecedores.

▶ Principais problemas enfrentados por um departamento de compras:
- *compras de emergência* – ocorrem geralmente por deficiências no planejamento. As negociações, nesse caso, tendem a ser menos flexíveis, revertendo em condições menos favoráveis, tais como preços mais altos, prazos diferentes do padrão.
- *especificações incorretas* – o produto a ser adquirido não é bem definido pelo solicitante ou não existe padronização no hospital, dificultando a uniformidade da compra.
- *falhas dos fornecedores* – problemas nas entregas, preços diferentes dos negociados, produtos com quantidade acima do solicitado.
- *excesso de burocracia* – algumas empresas, ao buscar alinhamento e organização para os processos de aquisição, acabam "engessando" todo o processo de compras. Dessa forma, transforma uma atividade simples em um calvário para todos os envolvidos.
- *ingerências* – ocorre quando setores hospitalares interferem em atividades específicas do departamento de compras.

## Departamento de compras: centralizado ou descentralizado?

Alguns hospitais, pertencentes a grupos de empresas da área de saúde, tendem a centralizar suas compras de forma corporativa. O próprio sistema público utiliza esse expediente, visando melhores negociações. Em outros casos, na área privada, cada instituição realiza sua compra de forma separada. A centralização pode trazer algumas vantagens:

▶ economia de escala – melhores negociações;
▶ uniformização de preços de aquisição – idem para os custos médios de estoque;
▶ uniformidade dos processos de compra.

A descentralização também apresenta vantagens:
- o comprador está sempre mais próximo de eventuais problemas de fornecimento;
- pode haver maior agilidade no atendimento das necessidades locais.

## Estrutura operacional

Existem quatro cargos básicos em um setor de compras:
- auxiliar de compras – digitação dos pedidos, cobrança de propostas, auxílio ao *followup* e ao atendimento de fornecedores, arquivos, protocolos, demais atividades estabelecidas.
- comprador – negociação com fornecedores, *followup*, comparação de propostas.
- comprador sênior – negociações especiais (valores mais altos), análise financeira de propostas de maior complexidade, desenvolvimento de novos fornecedores, visitas técnicas (se medicamentos, acompanhado do farmacêutico), elaboração de pedidos complexos.
- gerente de compras – planejamento, organização, gestão administrativa e de pessoal do departamento, controle, negociações especiais, relacionamento com fornecedores.

Fluxo de um departamento de compras:
- necessidade da compra – gestão de estoques sinaliza;
- compra é acionada por meio de solicitação de compra;
- consulta aos fornecedores;
- cotação;
- decisão;
- elaboração do pedido (ordem de compra);
- acompanhamento – *followup*;
- recebimento – contato com almoxarifado. Deve-se verificar se não há divergências entre solicitação e ordem de compra.

## Compras em empresas públicas

As atividades que envolvem aquisição de bens ou serviços em empresas públicas possuem algumas particularidades quando comparadas ao setor privado. Suas compras, denominadas *licitação* – normas que disciplinam quaisquer transações –, são estabelecidas por meio de dispositivos legais.

A licitação no Brasil é um procedimento formal, regulamentado pela Lei nº 8.666, de 21 de junho de 1993, e atualizado pelas Leis nº 8.883, de 8 de junho de 1994, nº 9.648, de 27 de maio de 1998, e nº 10.520, de 17 de julho de 2002 – Pregão –, que regulamentam o artigo 37, inciso XXI, da Constituição Federal de 1988.

Essa mesma constituição prevê, em seu artigo 22, que compete privativamente à União legislar sobre:

> [...] XXVII – normas gerais de licitação e contratação, em todas as modalidades, para as administrações públicas diretas, autárquicas e fundacionais da União, Estados, Distrito Federal e Municípios, obedecido o disposto no art. 37, XXI, e para as empresas públicas e sociedades de economia mista, nos termos do art. 173, § 1º, III.

Para comprar um bem ou um serviço, a administração pública tem duas opções:

- executar o serviço diretamente, procedimento que se denomina *execução direta*;
- adquirir de terceiros, processo que se denomina *execução indireta* (nesse caso há necessidade de licitação, porque a administração pública não pode, por força da lei, comprar diretamente de alguém).

A licitação possui princípios básicos que devem ser constantemente obedecidos:

- legalidade;
- impessoalidade;
- moralidade;
- igualdade;
- publicidade;
- probidade administrativa;
- vinculação ao instrumento convocatório (edital);
- julgamento objetivo;
- sigilo; etc.

Esses princípios devem ser atendidos para evitar o perigo do arbítrio, que traz descrédito e pode comprometer o serviço público. Nos órgãos públicos é necessária a objetividade na execução das compras, para se preservar a supremacia e a indisponibilidade do interesse público. Nas entidades privadas, por outro lado, os critérios podem ser subjetivos e/ou objetivos.

A lei das licitações tem como finalidades:

- proporcionar a obtenção da melhor proposta, com as maiores vantagens, desde que atenda, em termos financeiros, aos interesses da entidade licitante;
- oferecer igual oportunidade para quem participa dos certames.

## Habilitações para proponentes

Empresas podem ser fabricantes, importadoras e administradoras. Para se habilitar, porém, elas devem atender a requisitos de comprovação de idoneidade. O descumprimento de qualquer um desses requisitos provocará o afastamento da empresa do processo licitatório. Eles podem ser encontrados entre os artigos 27 e 32 da Lei nº 8.666.

### HABILITAÇÕES

- *Jurídica (Lei no 8.666, artigo 28)* – exige, por parte do proponente, a apresentação de vários documentos, com o objetivo de comprovar sua existência como empresa. Entre esses documentos estão o Contrato Social registrado na Junta Comercial, Cadastro Nacional da Pessoa Jurídica (CNPJ), inscrição estadual, etc. A empresa precisa existir do ponto de vista jurídico, precisa ter personalidade jurídica.
- *Fiscal (Lei no 8.666, artigo 29)* – visa comprovar a regularidade da empresa perante os órgãos governamentais por meio de certidões de quitação do Fundo de Garantia por Tempo de Serviço (FGTS), Instituto Nacional do Seguro Social (INSS), Receita Federal, além de outros documentos. Toda essa formalidade é uma maneira de o Estado exigir obediência à legislação tributária e trabalhista. O Estado se utiliza dessa exigência como pré-requisito para que o proponente possa prosseguir no processo licitatório.
- *Contábil (Lei no 8.666, artigo 31)* – o proponente deve apresentar sua qualificação econômico-financeira por meio de documentos como balanço patrimonial, certidão negativa de falência e outros. O propósito dessa habilitação é o de assegurar que o proponente possua condições de executar a proposta realizada.
- *Técnica (Lei no 8.666, artigo 30)* – trata-se de requisitos técnicos que dizem respeito à qualificação do fornecedor. Nesse sentido, pode-se destacar:
  - Autorização de Funcionamento da Empresa (AFE);
  - Licença de Funcionamento estadual e/ou municipal (LF);
  - Certificado de Boas Práticas de Fabricação e Controle (BPFeC)
    - os certificados de BPFeC têm validade de um ano a partir da data de publicação no *Diário Oficial* da União (DO).

*Importante*: outros requisitos técnicos podem ser solicitados via edital, tais como:
- garantia total para equipamentos – peças, mão de obra, deslocamento, instalação (com duração mínima de doze meses). Tais garantias podem ainda ser estendidas, a partir da recepção técnica e da colocação de cada equipamento em uso;
- treinamento dos operadores e dos técnicos de manutenção próprios do licitante;
- parcelamento na entrega do produto, para que se possa adequar a quantidade a ser adquirida ao espaço físico disponível no armazenamento e a validade do produto em função do consumo médio. (Recurso muito comum para itens que ocupam grandes espaços na área de armazenamento.)
- assistência técnica pós-venda de fácil acesso na localização da rede de assistência do equipamento, prevendo prazo máximo no atendimento da solicitação;
- disposição de peças de reposição ou acessórios de fácil aquisição no mercado nacional. Nesse caso, faz-se necessária uma investigação prévia para que não ocorra falta de peças para o funcionamento de equipamentos.

## Características da licitação

### REQUISIÇÃO DE COMPRA E ABERTURA DE PROCESSO

Para dar início à compra propriamente dita, há a necessidade de uma requisição ou solicitação, que pode ser gerada automaticamente em um sistema informatizado ou manualmente, quando não se dispõe do sistema.

### AUTORIZAÇÃO DE COMPRA E RESERVA DE VERBA

O processo de compra deve ser remetido às autoridades superiores para aprovação da despesa. Logo que a compra for aprovada, a área financeira é obrigada a reservar o capital para a aquisição.

### DEFINIÇÃO DA MODALIDADE, EDITAL E CONVOCAÇÃO DE FORNECEDORES

O edital é um dos itens mais importantes no processo licitatório e não pode conter subjetivismos. Deve ser formal e conter com clareza:
- descrição do medicamento, material ou outros produtos a serem adquiridos;

- informações sobre prazos e condições do processo licitatório;
- garantias;
- forma de pagamento (condições);
- se existirem condições especiais para o recebimento, que devem estar descritas;
- critérios para que o fornecedor participe do processo licitatório;
- critérios a serem utilizados no julgamento;
- indicações específicas, se necessário;
- normas internas da instituição;
- informações gerais.

*Importante*: no caso de medicamentos, pode-se usar o expediente de incluir no edital algumas exigências, como:
- apresentação de trabalhos clínicos científicos;
- laudos técnicos expedidos por institutos oficiais.

### RECEBIMENTO DE PROPOSTAS

A modalidade escolhida depende dos valores envolvidos. De acordo com a legislação, cada modalidade terá um prazo durante o qual poderá ser feito o recebimento de propostas por meio de protocolo geral da instituição. Passado esse período, começa a abertura das propostas.

### ABERTURA, OPINIÃO TÉCNICA, JULGAMENTO E ADJUDICAÇÃO

Existem prazos legais que determinam o momento em que as aberturas ocorrerão. No entanto, elas só serão realizadas por funcionários especialmente designados para tal.

Os fornecedores que, após a abertura, cumprirem as exigências descritas no edital, permanecem no processo. Já aqueles que não se adequarem serão excluídos. Após a definição dos aprovados nessa fase de qualificação, ocorrerá o julgamento, que deve ser de conhecimento público e formalizado mediante adjudicação.

### RECURSO

O prazo para que o recurso seja interposto é de cinco dias após o ato que o motivou. Após o recebimento do recurso, os demais participantes do processo devem ser notificados pela autoridade superior.

### HOMOLOGAÇÃO E CONTRATO

A homologação somente ocorrerá depois de decorrido o prazo legal para a apresentação de recursos contra a adjudicação. Declara-se, assim, a autorização formal para que o fornecedor, ao qual foi adjudicado o fornecimento, possa efetivar o contrato com a entidade que vai adquirir o produto ou serviço.

## O FORNECEDOR

A legislação exige de algumas empresas, em certos processos licitatórios, a apresentação de documentação especial que forneça provas de capacidade jurídica – a qual pode ser comprovada em qualquer situação, o que é comum em muitos processos – e regularidade fiscal
– comprovação de que a empresa cumpre as obrigações com o fisco. No entanto, quando se tratar de valores contratuais de alta monta, os fornecedores devem comprovar sua idoneidade financeira.

## REVOGAÇÃO E ANULAÇÃO

Um procedimento licitatório deve transcorrer com objetividade, conforme já mencionado. Porém, durante a sua execução, podem existir fatos que motivem seu embargo, parcial ou total. A revogação ou anulação objetiva, portanto, suspende o processo.

## JULGAMENTO

O julgamento levará em conta diversos fatores, como:
- qualidade;
- rendimento;
- preços;
- prazos; etc.

Além disso, tem em vista selecionar a melhor proposta, desde que atenda às especificações descritas no edital. Para medicamentos, é sempre interessante que os quesitos que definirão o vencedor sejam capacidade técnica e menor preço.

## MODALIDADES DE LICITAÇÃO

- *Concorrência* – entre quaisquer interessados que, na fase inicial de habilitação preliminar, comprovem possuir os requisitos mínimos de qualificação exigidos no edital para a execução de seu objeto. Para contratos de maior valor, pode-se abrir a participação para proponentes cadastrados ou não, desde que atendam aos requisitos solicitados. A publicidade deverá ser feita com antecedência de trinta dias em jornais de grande circulação e no *Diário Oficial*.

Por último, a concorrência se constitui de duas fases: qualificação e classificação, o que implica a apresentação de dois envelopes.
- *Tomada de preços* – nessa modalidade de licitação, os interessados devem estar cadastrados na administração. Esse cadastramento pode ser feito em até três dias antes da data estipulada para o recebimento das propostas, que serão publicadas em órgãos da imprensa oficial de modo resumido.

  As propostas, por outro lado, devem ser entregues em um prazo de quinze dias após a data da publicação.
- *Convite* – licitação utilizada para valores menores, com prazos de recebimento de propostas também menores (cinco dias). O convite, para ser válido, necessita de, no mínimo, três propostas lícitas.
- *Concurso* – licitação entre quaisquer interessados para a escolha de trabalho técnico, científico ou artístico, mediante a instituição de prêmios ou remuneração aos vencedores. O edital para essa modalidade deve ser publicado com antecedência de 45 dias.
- *Leilão* – licitação entre quaisquer interessados para a venda de bens móveis inservíveis para o estado ou de produtos legalmente apreendidos ou penhorados, a quem oferecer o melhor lance, igual ou superior ao de uma avaliação prévia. Seu prazo de publicação é de quinze dias anteriores à data estipulada para o evento.
- *Compra direta* – é dispensada a licitação. Porém, há as seguintes condições:
  - o valor envolvido equivale a, no máximo, 5% do valor estipulado para convites;
  - casos de força maior – alimentos perecíveis: se não houve proponentes na licitação anterior e se não existir mais que um produto ou fornecedor. Os hospitais se utilizam muito desse recurso por causa da baixa estabilidade dos alimentos, tais como verduras, frutas, carnes, etc.

## DISPENSA E INEXIGIBILIDADE DAS LICITAÇÕES

A legislação prevê casos em que as licitações podem ser dispensadas ou mesmo inexigíveis. Isso se dá mediante os seguintes casos:
- objetos de arte;
- valores dentro dos limites legais;
- guerra ou perturbação da ordem;
- emergência ou calamidade pública;
- ausência de interessados após duas tentativas;
- para regular preços;

- operações entre órgãos públicos;
- segurança nacional;
- quando os preços da licitação estão acima do preço de mercado;
- peças de reposição, quando exclusivas;
- aquisição ou locação de imóveis para uso do serviço público.

A inexigibilidade se dará nos casos de:
- contratação de artistas;
- especialização notória;
- aquisição de produtos exclusivos.

PROCESSO DE REGISTRO DE PREÇOS

Trata-se de uma das formas utilizadas pelo poder público para contratação.

Essa modalidade foi idealizada para permitir aquisições de produtos com consumo frequente, o que é comum nos hospitais. Mas só atualmente, com a estabilidade da moeda, essa modalidade se tornou interessante para os fornecedores.

## Modelo de edital

Serviço de Suprimentos – Departamento de Compras Edital de Tomada de Preços: 06/2004
Processo: 001/0705/5678/04 Abertura: 01-12-2004
Encerramento: 19-12-2004
Horas: 9 horas

Acha-se aberta, no departamento de compras do Serviço de Suprimentos do Hospital Federal União, situado na avenida Cabuçu, 7.777, Centro, Tomada de Preços nº 06/2004, do tipo "menor preço", destinada à aquisição de medicamentos relacionados no folheto descritivo (anexo I) que, juntamente com o anexo II (declaração de situação regular perante o Ministério do Trabalho) e anexo III (declaração da empresa fabricante), fica fazendo parte integrante deste Edital, conforme consta do Processo nº 001/0705/5678/04 e que será regido pela Lei Federal nº 8.666 com as alterações introduzidas pelas leis federais nº 8.883 e nº 9.648, bem como pelas leis estaduais nº 6.544, nº 9.000, nº 9.001 e nº 9.797.

O encerramento desta Tomada de Preços e a abertura do envelope nº 01 – Documentação serão às 9 horas do dia 19 de dezembro de 2004, no Departamento de Compras do Serviço de Suprimentos, situado na avenida Cabuçu, 7.777, Centro, nessa cidade.

A despesa correrá por conta da estrutura funcional programática: 40502090045470000; natureza da despesa: 567890-01.

Habilitação

Os interessados em participar da presente Tomada de Preços deverão entregar até as 9 horas do dia 19-12-2004, no Departamento de Compras do Serviço de Suprimentos desse hospital, situado na avenida Cabuçu, 7.777, Centro, 2 (dois) envelopes fechados e lacrados, em que se identifique, respectivamente:

Envelope nº 1 – Documentação Ministério da Saúde Secretaria de Saúde
Hospital Federal União
Departamento de Compras – Serviço de Suprimentos Tomada de Preços 06/04 – Processo nº 001/0705/5678/04 Nome ou Razão Social do licitante

# Armazenamento 5

Segundo o professor José Cimino, um dos precursores da farmácia hospitalar brasileira, "um medicamento se conserva bem quando guarda na íntegra a total atividade de seus princípios ativos e não apresenta modificações dignas de nota, ou, ainda, quando não é sede de modificações que possam torná-lo nocivo".[13]

É muito importante uma pré-avaliação qualitativa e quantitativa das áreas de estocagem, ou seja, de nada adianta um local com grandes dimensões para o armazenamento, se não reunir condições mínimas para preservar a integridade, a estabilidade e demais quesitos necessários à estocagem. O mesmo se aplica a uma área de qualidade, mas que não suporta grandes volumes. Isso inibe a capacidade de compra da instituição.

A abordagem sobre armazenamento descrita mostra que se preocupar apenas com a perda da atividade biológica do medicamento, quando mal armazenado, é pouco diante da possibilidade desse produto oferecer risco ao usuário, se mal estocado ou mal-acondicionado. Portanto, podemos definir armazenamento como o estudo por meio do qual nos é permitido organizar e dispor os medicamentos em geral, com a finalidade de abastecer o hospital de forma dinâmica, na qualidade e na quantidade adequadas, no momento certo e oportuno, mantendo-os sob observação constante e de uma forma economicamente desejável.

*Importante*: com relação aos medicamentos, podemos dizer que:
- armazenar é guardar ou dispor os produtos em prateleiras, *pallets*, *bins*, etc.;
- acondicionar é dispor os produtos em embalagens que podem, posteriormente, ser armazenadas ou utilizadas para preparo e uso do medicamento.

Terminologias (segundo a *Farmacopeia brasileira*):[14]
- *congelador* – temperatura entre 0 °C e -20 °C;
- *refrigerador* – temperatura entre 2 °C e 8 °C;
- *local fresco* – ambiente cuja temperatura varia entre 8 °C e 15 °C;

---

[13] Julio Fernandes Maia Neto, *Farmácia hospitalar: um enfoque sistêmico* (Brasília: Thesaurus, 1995), p. 14.
[14] *Farmacopeia brasileira* (4ª ed. São Paulo: Atheneu, 1996).

- *local frio* – ambiente cuja temperatura não exceda a 8 °C (local frio = refrigerador);
- *temperatura ambiente* – entre 15 °C e 30 °C;
- *calor excessivo* – indica temperaturas acima de 40 °C;
- *quarentena* – período de tempo durante o qual os medicamentos são retidos com proibição de emprego e/ou de uso;
- quando a monografia não especificar condições de conservação, deve-se proteger o medicamento contra luz, congelamento e calor excessivo.

Imaginemos, agora, uma substância incompatível com o policloreto de vinila, mais conhecido como PVC, acondicionada em um frasco feito desse material. Que reações físico-químicas podem ser precipitadas e que mal podem trazer ao paciente? A solução seria o acondicionamento em polietileno ou em um frasco de vidro.

Vejamos algumas observações sobre armazenamento:
- deve-se fazer uma análise qualitativa e quantitativa do estoque, para que o armazenamento seja adequado;
- os colaboradores envolvidos no manuseio e controle devem possuir conhecimento sobre estocagem (conservação racional e segura de medicamentos);
- a chefia ou supervisão do almoxarifado deve, preferencialmente, ser exercida por um farmacêutico, dadas as especificações e minúcias do armazenamento de produtos, tão diversificados como aqueles utilizados em um hospital;
- o interior do almoxarifado deve possuir superfícies lisas, sem rachaduras, sem desprendimento de pó, para facilitar a limpeza, e que não permita a entrada de roedores, insetos e outros animais. É sempre importante lembrar que nessa área pode-se ter estocado desde medicamentos até alimentos, além de materiais diversos;
- iluminação, temperatura ambiente, umidade relativa do ar devem ser controladas, pois são fatores que incidem diretamente sobre os produtos, principalmente medicamentos. Um recurso comumente utilizado é a instalação de climatizadores, que são aparelhos que exercem com exatidão o controle sobre os materiais citados anteriormente;
- deve existir espaço racional para o fluxo de pessoas e materiais;
- é importante o uso de uniformes e crachás;
- devem existir instruções por escrito que descrevam o recebimento, a estocagem, etc. São os chamados *procedimentos operacionais padrão* (POPs);
- nada pode ser estocado sem ser recebido. Pode haver situações em que as mercadorias chegam, são recebidas, mas alguma falha no processo

faz seu recebimento não ser efetivado no sistema de estoque. Dessa forma, haverá divergência entre o estoque físico e o documentado no sistema ou na ficha de prateleira;
- cuidado especial com os medicamentos vencidos ou sem condições de uso. O descarte de medicamentos nessas condições deve ser criterioso e atender à legislação vigente. Porém, quando se tratar de medicamentos sujeitos ao controle especial (Portaria no 344)[15], é obrigatório que o farmacêutico responsável pela instituição documente e protocole o recolhimento na vigilância sanitária, para que em seguida se faça o descarte;
- a estocagem dos produtos deve ser em ordem cronológica (PEPS);
- atenção com os produtos termolábeis – uso de refrigeradores, *freezers* e câmaras frias. É obrigatório que a temperatura dos refrigeradores seja monitorada diariamente (veja, mais adiante, a tabela para aferição de temperatura);
- nunca estocar o produto em contato direto com as superfícies (solo, paredes, teto);
- não estocar medicamentos diferentes no mesmo estrado;
- para os produtos sujeitos ao controle especial (Portaria nº 344), é recomendável que a farmácia central (local da dispensação) possua ao menos dois armários. Um deles será utilizado para guardar grandes quantidades, enquanto o outro se destina ao consumo diário. Assim, evita-se que um único armário seja manuseado com frequência, ocasionando insegurança no controle.

Principais ações que os medicamentos podem sofrer quando mal-armazenados:
- calor;
- radiação;
- umidade;
- agentes microbianos.

Assim que os medicamentos forem recebidos, deve-se carimbar ou identificar as embalagens com os dizeres "Proibida a venda pelo comércio".

Seguindo as instruções técnicas do programa de assistência farmacêutica na atenção básica do Ministério da Saúde de 2006,[16] as boas práticas de armazenagem devem ser cumpridas atendendo aos seguintes requisitos estruturais:

---

[15] Agência Nacional de Vigilância Sanitária (Anvisa), 12 de maio de 1998.
[16] Ministério da Saúde. Portaria nº 4.283 de 30 de dezembro de 2010, publicada no *DOU* em 31 de dezembro de 2010. Disponível em http://portal.saude.gov.br/portal/arquivos/pdf/Portaria_MS_4283_30_12_2010.pdf. Acessado em 10/1/2011.

- *estrutura física:* área *física* – instalações adequadas (dimensão dos espaços, estrutura elétrica e sanitária);
- *estrutura organizacional* – desenho do setor de armazenamento com *layout* contemplando posição dos equipamentos, mas privilegiando a circulação de pessoas, máquinas e mercadorias;
- *estrutura funcional* – elaboração de procedimentos operacionais e instrumentos de controle;
- *qualificação dos colaboradores (funcionários)* – deve-se assegurar que os colaboradores envolvidos na logística ou controle dos estoques[17] estejam devidamente preparados para o exercício dessas atividades.

**QUADRO DE ALTERAÇÕES VISÍVEIS DE FORMAS FARMACÊUTICAS**

| Formas farmacêuticas | Alterações |
|---|---|
| Comprimidos | Quantidade excessiva de pó<br>Quebras, lascas, rachaduras na superfície<br>Manchas, descoloração, aderência entre os comprimidos ou formação de depósitos |

| Formas farmacêuticas | Alterações |
|---|---|
| Drágeas | Fissuras, rachaduras e manchas na superfície |
| Cápsulas | Mudança na consistência ou amolecimento ou endurecimento |
| Pós-efervescentes | Crescimento de massa e pressão gasosa |
| Cremes e pomadas | Diminuição do volume por perda de água Mudança na consistência<br>Presença de líquido ao apertar a bisnaga<br>Endurecimento<br>Separação de fases |
| Soluções e xaropes | Precipitação Formação de gases |
| Injetáveis | Turbidez, presença de partículas, grumos, cheiro forte, mudança na coloração, liberação de gases |
| Emulsões | Quebra na emulsão, mudança na coloração e no odor |
| Suspensões | Precipitações Formação de partículas Grumos<br>Cheiro forte<br>Mudança na coloração Liberação de gases |

---

[17] Saulo Carvalho Júnior & Sonja Helena Madeira Macedo. *Logística farmacêutica comentada* (1ª ed. São Paulo: Livraria e Editora Medfarma, 2010).

## TABELA PARA AFERIÇÃO DA TEMPERATURA

( ) refrigerador     ( ) ambiente onde tem estoque de medicamentos

Hospital:                         mês:              ano:

| | Manhã | | | | Tarde | | | | Noite | | | |
|---|---|---|---|---|---|---|---|---|---|---|---|---|
| | Temperatura (em °C máximo) | Temperatura (em °C mínimo) | Temperatura (em °C) | Horário/Visto | Temperatura (em °C máximo) | Temperatura (em °C mínimo) | Temperatura (em °C) | Horário/Visto | Temperatura (em °C máximo) | Temperatura (em °C mínimo) | Temperatura (em °C) | Horário/Visto |
| 1 | | | | | | | | | | | | |
| 2 | | | | | | | | | | | | |
| 3 | | | | | | | | | | | | |
| 4 | | | | | | | | | | | | |
| 5 | | | | | | | | | | | | |
| 6 | | | | | | | | | | | | |
| 7 | | | | | | | | | | | | |
| 8 | | | | | | | | | | | | |
| 9 | | | | | | | | | | | | |
| 10 | | | | | | | | | | | | |
| 11 | | | | | | | | | | | | |
| 12 | | | | | | | | | | | | |
| 13 | | | | | | | | | | | | |
| 14 | | | | | | | | | | | | |
| 15 | | | | | | | | | | | | |
| 16 | | | | | | | | | | | | |
| 17 | | | | | | | | | | | | |
| 18 | | | | | | | | | | | | |
| 19 | | | | | | | | | | | | |
| 20 | | | | | | | | | | | | |
| 21 | | | | | | | | | | | | |
| 22 | | | | | | | | | | | | |
| 23 | | | | | | | | | | | | |
| 24 | | | | | | | | | | | | |
| 25 | | | | | | | | | | | | |
| 26 | | | | | | | | | | | | |
| 27 | | | | | | | | | | | | |
| 28 | | | | | | | | | | | | |
| 29 | | | | | | | | | | | | |
| 30 | | | | | | | | | | | | |

## Fundamentos técnicos/legais para o armazenamento

Considerações gerais:
- *piso* – deve ser plano, de fácil limpeza e resistente para suportar o peso e a movimentação dos produtos.
- *paredes* – sempre de alvenaria, pintadas de cor clara, com tinta lavável, sem possibilidade de infiltrações e umidade.

    Recomenda-se que ao menos uma das quatro paredes receba ventilação direta, por meio de abertura localizada no mínimo a 210 cm do piso.

    Essa abertura deve estar protegida com tela metálica para evitar entrada de insetos, etc.
- *pé-direito* – recomenda-se altura mínima de 6 m nas áreas de estocagem e 3 m nas demais áreas.
- *portas* – preferencialmente esmaltadas ou de alumínio.
- *teto* – de laje; evitar amianto, pois absorve muito o calor.
- *instalações elétricas* – o quadro de força deve ficar externo à área de estocagem, deve-se evitar o uso de adaptadores, as fiações devem estar em tubulações apropriadas.
- *equipamentos*:
    - estantes – apropriadas para medicamentos desembalados ou acondicionados em pequenas caixas. Preferir estantes modulares em aço, com profundidade em torno de 60 cm;
    - estrados – apropriados para caixas maiores, não devendo ultrapassar 120 cm do lado maior;
    - empilhadeira – utilizada nos casos em que o almoxarifado faz uso do sistema de armazenagem vertical: estrados ou *pallets*. Essas pilhas não devem ultrapassar a altura de 1,5 m ou conforme orientação do fabricante do produto. Não pode haver risco de desabamento dos produtos empilhados;
    - sistemas de ar-condicionado – em locais onde as temperaturas se mantêm em níveis elevados eles se tornam imprescindíveis, entretanto o controle da temperatura deverá ser realizado sempre;
    - exaustores – podem ser utilizados, pois ajudam na ventilação do ambiente;
    - higrômetro – sua função é medir a umidade nos locais de armazenamento;
    - extintores de incêndio – devem ser adequados aos tipos de materiais armazenados, estar fixados na parede e sinalizados conforme normas vigentes.

É importante que o Corpo de Bombeiros seja consultado sobre os locais mais apropriados para a instalação desses itens;

- câmara fria – sua temperatura varia de 2 ºC a 8 ºC positivos e destina-se à guarda de medicamentos termolábeis de volumes maiores;
- refrigeradores – sua temperatura varia de 2 ºC a 8 ºC positivos e destina-se à guarda de medicamentos termolábeis de volumes pequenos.

As áreas do almoxarifado devem ser compostas de:

► recepção;
► expedição;
► vestiário;
► refeitório;
► sanitários;
► armazenamento.

A área de armazenamento deve ser bem ventilada, com espaço de 150 cm entre as estantes.

Já para os estrados, recomenda-se uma distância de 80 cm entre eles. Toda área de armazenamento possui sua sala administrativa. É recomendável que o acesso a ela seja independente da área de estoque. Examinemos alguns fundamentos para um bom armazenamento:

► *observar o volume e peso do material* – alguns itens de grande volume ou pesados devem estar localizados perto das áreas de entrada e saída do fluxo de materiais.

► *carga unitária* – consiste na arrumação de pequenos itens (pacotes ou unidades menores) em volumes dimensionados em peso, cubagem e quantidades maiores. Essas embalagens são acondicionadas de forma a permitir seu manuseio por meios mecânicos (*pallets*). A carga unitária visa, ainda, racionalizar o espaço útil da área de armazenamento por meio do recurso da cubagem. Dessa forma, a movimentação do material na carga ou descarga fica mais ágil.

► *cuidados com a entrada e a saída de produtos* – as unidades estocadas há mais tempo devem sair primeiro. Para que haja eficiência, o responsável pelo estoque deve possuir mecanismos de controle sobre os produtos armazenados. Quando se fala em medicamentos com o mesmo princípio ativo, o cuidado está na separação dos lotes e na validade, tendo em vista a dispensa ou o uso imediato daqueles com vencimento mais próximo. Entretanto, existem medicamentos que, de um momento para o outro, deixam de ser utilizados; é o obsoletismo.

- *armazenamento "inteligente"* – a variedade de produtos estocados em um almoxarifado hospitalar ou em uma central de abastecimento e fornecimento (CAF) é muito grande. Diante dessa situação, é importante que a localização dos produtos se dê por similaridade. Por exemplo, não é adequado que se tenha materiais de limpeza próximos de medicamentos.
- *equipamentos e recipientes para estocagem e transporte*:
  - para estocagem:
    - armações – podem ser pré-moldadas ou feitas sob medida. Se forem de metal, apresentam a vantagem de ter maior durabilidade e podem ser montadas e desmontadas com maior rapidez;
    - caixas – utilizadas para guardar itens menores;
    - *racks* – trata-se de peças longas e estreitas;
    - estrados ou *pallets* – feitos de material semelhante ao plástico, porém com maior resistência. São de grande eficiência para a guarda e movimentação dos estoques e despacham vários itens de uma só vez. Os estrados podem ser retangulares ou quadrados, e suas medidas obedecem a padrões estabelecidos;
    - cestas – são comumente utilizadas para a guarda de soros;
    - *bins* ou escaninhos – compartimentos utilizados para guarda de medicamentos e materiais localizados na área de dispensação;
    - engradados – são estrados com proteção lateral e podem ser utilizados nos casos em que os materiais a serem guardados são de formatos e tamanhos irregulares;
    - refrigeradores – guarda de produtos termolábeis;
    - armários – guarda de medicamentos pertencentes à Portaria nº 344 e alguns produtos com controle especial (alto custo).
  - para transporte:
    - carros de tração manual;
    - empilhadeiras;
    - elevadores (monta-carga);
    - tubos pneumáticos;
    - outros.
- *fluxos dos materiais* – todas as movimentações, desde a chegada dos produtos até sua expedição aos setores que o utilizarão, devem ser planejadas e organizadas. Por exemplo:
  - o almoxarifado recebe, guarda, controla e distribui;
  - o setor que requisita certo produto pode utilizá-lo ou reenviá-lo para outro departamento;
  - o setor pode não utilizar o produto e devolvê-lo ao almoxarifado.

## Como dispor os medicamentos na farmácia hospitalar

É importante que o espaço ocupado pelo estoque seja planejado e otimizado. Além disso, a disposição das mercadorias, especificamente dos medicamentos, deve facilitar a localização para a movimentação no estoque – recebimento do almoxarifado ou a dispensação às unidades de internação e a outros setores.

A ordenação dos estoques nas prateleiras pode ser feita das seguintes maneiras:
- ordem alfabética pelo nome comercial dos medicamentos;
- ordem alfabética por formas farmacêuticas;
- ordem alfabética pelo nome dos princípios ativos;
- ordem de códigos.

Em resumo, podemos dizer que a melhor opção é aquela que se enquadra na realidade de cada farmácia. A política assistencial da instituição, por exemplo, pode forçar a disposição no estoque pelos nomes comerciais, pois não tem interesse na compra de medicamentos pelo seu princípio ativo. Em outros casos, no entanto, sistemas informatizados identificam e fazem a arrumação física do estoque se dar por códigos. Existem várias maneiras de ordenar os estoques de medicamentos.

Em qualquer um desses casos, a escolha deve considerar:
- o tipo de medicamento;
- a política assistencial do hospital;
- o arsenal a ser estocado;
- a área disponível;
- o fluxo operacional.

De forma genérica, a melhor maneira de se dispor o estoque nas prateleiras é em ordem alfabética dos princípios ativos, aliada a uma divisão do estoque pelas formas farmacêuticas.

A regulamentação do medicamento genérico que entrou em vigor em 1999 ampliou as opções dos medicamentos utilizados em hospitais.

## O almoxarifado

O almoxarifado é o setor convencionado para a estocagem organizada de todo o material de consumo do hospital, exceto para medicamentos e gêneros alimentícios perecíveis que devem contar com dependência própria, isto é, devem ser armazenados em local próprio e específico. Vale lembrar que alimentos perecíveis costumam ficar estocados dentro ou próximo ao próprio Serviço de Nutrição e Dietética (SND). No entanto, pode-se também definir um local que receba, guarde, controle e distribua os produtos de uso na unidade hospitalar. Isso acontece em alguns hospitais em que o almoxarifado recebe o nome de central de abastecimento farmacêutico (CAF). Esta unidade tem por finalidade manter e abastecer de modo dinâmico e no momento oportuno os estoques de materiais em qualidade e quantidades adequadas, de maneira economicamente desejável.

Seu *layout* deve atender a exigências legais e a propósitos que favoreçam o armazenamento de medicamentos, materiais médico-hospitalares, impressos, etc. Todavia, um almoxarifado não deve objetivar somente a disposição inteligente dos móveis e a adequação da área, mas também a necessidade de facilitação do fluxo de circulação dos colaboradores internos.

O CAF deve possuir algumas características:
- local seguro e de fácil acesso, sem escadas;
- rampas para facilitar o acesso (carrinhos);
- *by pass* para a área de fracionamento, se localizada no almoxarifado;
- distância entre as prateleiras não pode prejudicar a circulação;
- pilhas – deve-se ter cuidado para não estarem muito próximas do teto e das paredes;
- portas de acesso devem permitir a passagem de carrinhos;
- pisos lisos, de concreto ou material impermeabilizado que suporte o peso das mercadorias;
- temperatura controlada;
- luz natural controlada;
- ausência de umidade;
- espaço e armários para guarda da Portaria no 344;
- proteção contra incêndio;
- proteção contra animais (roedores, insetos, etc.);
- possuir área administrativa estrategicamente localizada;
- monitoramento eletrônico (câmeras);
- área específica para produtos inflamáveis.

As principais atividades executadas pelo CAF são:
- *seleção e qualificação de fornecedores* – determinação de como será feita a seleção e quais serão os profissionais responsáveis pelo processo; definição dos medicamentos necessários e disponíveis para distribuição; avaliação de novos medicamentos (Comissão de Farmácia e Terapêutica).
- *aquisição (compras)* – definição de quem serão os responsáveis pela compra, como as compras serão realizadas e qual sua periodicidade; definição de processos licitatórios e prazos; definição de compras nacionais ou internacionais.

- *recepção* – habilitação do local ao recebimento.
- *estocagem (qualitativa e quantitativa)* – definição de quais locais do hospital receberão os medicamentos comprados; controle qualitativo dos estoques e prazo de validade; relatórios gerenciais.
- *distribuição* – rastreabilidade desde o fornecedor até o consumidor final; verificação de meios de distribuição (carros, monta-carga, tubo pneumático) e prazos; verificação de quantidades fornecidas e informações sobre os produtos distribuídos.

## Recursos humanos no estoque

A grande exigência para com os colaboradores que atuam na área de suprimentos diz respeito à qualificação desses profissionais. Atualmente há grande dificuldade administrativa e técnica no recrutamento de pessoal preparado, o que gera baixa demanda para os locais de trabalho, no caso, os hospitais.

O gestor de suprimentos, ou encarregado do almoxarifado, deve possuir conhecimentos específicos e vivência profissional suficientes para a responsabilidade que o cargo exige.

Veremos no próximo capítulo, "A farmácia hospitalar e as ciências farmacêuticas", que os profissionais farmacêuticos ainda carecem de visão administrativa para exercer suas funções. Estima-se que o percentual de colaboradores que atuam na área de materiais de um hospital deve equivaler a 2% do total de funcionários. Pode-se também admitir uma média de dois a três colaboradores por leito.

A tabela a seguir exemplifica essa simulação:

| Número de leitos | Número total de colaboradores no hospital | Número de colaboradores em suprimentos |
|---|---|---|
| 100 | 200 a 400 | 4 a 8 |
| 200 | 400 a 600 | 8 a 12 |
| 300 | 600 a 900 | 12 a 18 |
| 1.000 | 2.000 a 3.000 | 40 a 60 |

Toda a estrutura de um setor de suprimentos dependerá diretamente da dimensão do hospital. Um hospital com número de leitos inferior a cinquenta obviamente não necessitará contemplar a mesma estrutura que a de um hospital com mais de 150 leitos.

# 6 A farmácia hospitalar e as ciências farmacêuticas

Para se falar em farmácia hospitalar é necessário abordar, de forma mais ampla, as ciências farmacêuticas.

A farmácia hospitalar, ou algo muito próximo disso, já existia em períodos muito longínquos. No chamado período teológico podem ser encontrados, na China, nos Pent-sao – escritos sagrados que foram publicados por volta de 2700 a.C. –, noções sobre farmácia e medicina. É claro que, naquele tempo, outras terminologias eram utilizadas para o que hoje se chama de medicamento, microrganismo, agente etiológico, patologia, etc. Os conhecimentos existiam, mas eram extremamente limitados, principalmente se comparados com o atual estágio da ciência.

Gregos, romanos e árabes já utilizavam plantas com propriedades medicinais e minerais com ações terapêuticas. No Egito, e entre os hebreus, a medicina e a farmácia eram quase que exclusivamente teúrgicas, ou seja, possuíam um componente de magia fundamentado em relações com os espíritos celestes, já que eram exercidas por sacerdotes, profetas e levitas, os quais guardavam em segredo as formulações (receitas) que preparavam.

Contudo, deve-se ressaltar que as profissões médica e farmacêutica estiveram sempre juntas, de tal forma que sua separação só se deu em 1223, quando o imperador Frederico II da Sicília expediu decreto regulamentando a prática farmacêutica e proibindo os médicos de serem donos de farmácia, com as quais obteriam lucros na venda de medicamentos em acordos secretos com alguns fabricantes.

O que existia, portanto, era a figura do alquimista, ou daquele indivíduo que "diagnosticava" e "medicava" os seus pacientes de acordo com os recursos que tinha à sua disposição, tal como um curandeiro. É notório que o ser humano sempre procurou alguma forma de aliviar seus males e curar suas doenças, de restabelecer a saúde dos enfermos. Para tanto, empregou métodos que foram além do uso de substâncias com propriedades terapêuticas.

Rituais de invocações e demais manifestações espiritualistas foram recursos amplamente utilizados. Mas, gradativamente, com a evolução do conhecimento, passou-se a buscar na natureza a resposta para as aflições causadas pelos "males" existentes.

O formulário egípcio apresenta o uso do ferro no combate à anemia; enquanto cascas e raízes de romã eram utilizadas para combater vermes e parasitas em geral. Há registros também de que os povos incas e pré-incaicos usavam a casca da quina e a folha de coca para tratar as febres intermitentes e combater a fadiga. Outros povos ainda, como chineses e hindus, trazem em sua ampla história registros do uso de substâncias com ação terapêutica datados de 5 mil anos.

## Relação com a religião

É importante citar a forte ligação que existe entre a religiosidade, representada pelo clero, e as ciências farmacêuticas.

Sabe-se que na Antiguidade a arte de manipular substâncias era praticada no interior de conventos e mosteiros, surgindo daí as primeiras boticas. Com isso, alguns religiosos tiveram grande influência na manutenção e evolução da farmácia.

Por muito tempo o catolicismo exerceu profunda influência sobre a medicina, pois defendia que as esperanças de cura poderiam ser alcançadas se houvesse o culto aos santos. Fazia-se promessas na espera por milagres.

Ainda na Idade Média, as fórmulas empíricas eram frequentemente utilizadas pela população. O sucesso desse emprego dependia da gravidade da situação e, aos poucos, os assuntos metafísicos foram perdendo espaço e credibilidade, o que provocou uma procura pela alquimia, muito comum entre os árabes.

## A evolução

Com a descoberta do "novo mundo", as Américas, a farmácia dos séculos XVI e XVII recebeu grande impulso, e muitos remédios novos surgiram nesse período, tais como a quina, a ipecacuanha, o cacau, o café, alguns tipos de chá, todos introduzidos na Europa, principalmente na França. Essas novas drogas passaram a ocupar lugar de destaque nas farmácias, que passaram a ter um caráter mais respeitável. Quando se fala em exercício da profissão farmacêutica, quase que de forma automática e, por que não dizer, natural, as pessoas costumam identificar a manipulação como uma das principais habilidades desse profissional.

Sabemos que não é bem exatamente isso o que ocorre, em face da gama de atividades que fazem parte das atribuições do farmacêutico, mas não há como negar que a arte de manipular sempre foi um dos fatores que melhor identificaram os farmacêuticos ao longo dos tempos.

Com a evolução das ciências, especificamente da farmácia, o farmacêutico passou a ter um papel claro e bastante ativo na comunidade, afinal de contas, era ele quem preparava e orientava, mesmo que de forma ainda empírica, as fórmulas aviadas. Nesse período, praticamente tudo o que se adquiria nas farmácias da época, as *boticas*, era manufaturado, tudo era preparado no interior dos seus laboratórios. Isso perdurou por muito tempo, até que, na primeira metade do século XX, um fato modificaria de maneira decisiva as ciências, em particular as médicas e farmacêuticas.

Estamos falando da descoberta da penicilina, evento que ocorreu graças à perspicácia e competência – e, por que não, ao acaso – das pesquisas de *sir* Alexander Fleming. Esse fato revolucionou, salvou vidas, mudou conceitos e chegou até mesmo a alterar, nos anos seguintes, a expectativa de vida da humanidade. Essa inovação tecnológica, que tanto beneficiou a medicina quanto a farmácia, trouxe, por mais incoerente que isso possa parecer, um certo ônus negativo ao exercício da profissão farmacêutica.

Embora tenha sido descoberta em 1928, a penicilina só viria a ser industrializada no início dos anos 1940, graças a incentivos e forte cooperação de pesquisadores dos Estados Unidos, como Howard Florey e Ernst Chain.

Nesse período, as chamadas "sulfas" começavam a ser fabricadas, fato que, nos anos seguintes, seria repetido com outras substâncias antimicrobianas. Assim surgiram os anti-hipertensivos, antidiabéticos orais, diuréticos, alguns hormônios e as pílulas anticoncepcionais.

Esse verdadeiro arsenal de medicamentos não tardou a chegar às prateleiras das farmácias de todo o mundo. Quase que de forma imediata, as funções nobres e imprescindíveis executadas pelo profissional farmacêutico foram substituídas por certa ociosidade, já que as especialidades farmacêuticas, vindas das indústrias, ocupavam o interior das farmácias. Com isso, a manipulação passou a ser uma atividade pouco utilizada e, consequentemente, o farmacêutico, na farmácia pública e no hospital, precisou se readequar a uma nova ordem: a era da industrialização dos medicamentos.

A cada ano, novos medicamentos surgem, novas condutas médicas, mais eficientes e precisas, eram adotadas. Até que, por volta do início dos anos 1970, a humanidade experimentou um verdadeiro *boom* de lançamentos de vários medicamentos no mercado. Em poucos anos a ciência conhecia alívio ou cura para muitas afecções, mas nem tudo era benefício.

Com a chegada de inúmeras substâncias e com o aumento expressivo do arsenal de medicamentos à disposição no mercado, problemas relacionados a esses produtos começaram a aparecer. Eis alguns:

- efeitos colaterais;
- interações medicamentosas;
- superdosagens;
- idiossincrasias;
- posologias incorretas;
- automedicação.

Diante dessa situação, houve a necessidade da presença de um profissional que conhecesse, com certa profundidade, direcionamento e competência, assuntos como farmacologia, farmacocinética, química farmacêutica e outros tópicos de domínio da atividade farmacêutica. Somente o farmacêutico poderia responder aos inúmeros questionamentos e aos anseios que surgiram em virtude da evolução que os medicamentos experimentaram em tão pouco tempo. Foi um passo importante, sem dúvida, para recuperar e resgatar o prestígio perdido havia algum tempo. Porém, outro perfil de farmacêutico passaria a ser exigido: o atendimento farmacêutico – um pré-requisito para a atenção farmacêutica, farmácia clínica e assistência farmacêutica.

## A farmácia hospitalar

A farmácia hospitalar desenvolveu-se em ritmos diferentes nos mais variados países.

O Remington 19th Edition afirma que esse desnível na evolução das farmácias hospitalares se deve à formação universitária, ou seja, ao conteúdo dos currículos das faculdades de farmácia. No Brasil isso é evidente, basta observar a morosidade com que certas farmácias hospitalares atingem padrões mínimos de funcionamento.

Nos Estados Unidos, porém, a farmácia hospitalar experimentou um período de recesso durante cerca de 168 anos, mais precisamente entre os anos de 1752 a 1920. O primeiro hospital americano a ter, efetivamente, uma farmácia hospitalar, foi o Pennsylvania Hospital, na Filadélfia. Depois vieram outros, como o Bellevue Hospital, em Nova York, e o German Hospital, também na Filadélfia.

## CRONOLOGIA PARA FARMACÊUTICOS E PROFISSIONAIS DE SAÚDE

| Período | Acontecimento |
|---|---|
| 2000 a.C. | Formulário sumeriano (primeiro documento da história farmacêutica) |
| 1500 a.C. | Papiro de Ebers: manuscrito egípcio sobre farmácia e terapêutica |
| 460 a.C. | Nascimento de Hipócrates – famoso médico grego |
| 372 a.C. | Nascimento de Teofrasto, "Pai da Botânica" |
| 130 | Nascimento de Galeno – médico romano |
| 1348 | Peste negra assombra a Europa |
| 1546 | Primeira farmacopeia oficial (Nurembergue) – "Dispensatório de Valerius Cordus" |
| 1618 | Publicação da primeira farmacopeia inglesa |
| 1628 | Publicação de livro sobre circulação sanguínea (Harvey) |
| 1752 | Farmácia hospitalar – Pensilvânia (Estados Unidos) |
| 1811 | Primeiras publicações sobre homeopatia (Samuel Hahnemann) |
| 1817 | Isolamento da morfina (Serturner) |
| 1818 | Surgimento do éter (Faraday) |
| 1842 | Primeira utilização do éter como anestésico, nos Estados Unidos (William Clarck) |
| 1847 | Utilização do clorofórmio como anestésico obstétrico (James Young Simpson) |
| 1858 | Início dos estudos sobre patologia (Rudolf Virchow) |
| 1860 | Ignacz Philipp Semmelweis realiza trabalho pioneiro sobre infecções hospitalares |
| 1860/1870 | Joseph Lister faz a primeira cirurgia antisséptica com ácido fênico |
| 1862 | Isolamento da cocaína |
| 1864 | Descoberta da pasteurização (Louis Pasteur) |
| 1867 | Joseph Lister publica o 1o artigo de prevenção de infecção cirúrgica |
| 1869 | Utilização do ácido carbólico como método antisséptico em cirurgias (Joseph Lister) |
| 1879 | Descoberta do gonococo (Neisser) |
| 1880 | Von Bergmann introduz as autoclaves nos hospitais |
| 1882 | Descoberta do bacilo da tuberculose (Robert Koch) |

| Período | Acontecimento |
|---|---|
| 1885 | Vacina contra a raiva (Louis Pasteur) |
| 1894 | Shafer descreve a adrenalina (suprarrenina) |
| 1895 | Descoberta dos raios X (Wilhelm Konrad Roentgen) |
| 1899 | Aspirina (Hoffmann) |
| 1901 | Descrição dos grupos sanguíneos (Karl Landsteiner) |
| 1914 | Isolamento da tireoxina (F. C. Kendall) |
| 1918 | Epidemia mundial de gripe mata 20 milhões de pessoas |
| 1926 | Uso terapêutico da cloroquina |
| 1928 | Exame papanicolau (George Papanicolau) |
| 1928 | Descoberta da penicilina (Alexander Fleming) |
| 1939 | Isolamento da cortisona (F. C. Kendall) |
| 1942 | Criação da American Society of Hospital Pharmacists (ASHP) – Associação Americana de Farmacêuticos Hospitalares |
| 1950 | Introdução da pílula anticoncepcional (Gregory Pincus) |
| 1950 | Microscópio eletrônico |
| 1950 | Processo de modernização do hospital-escola da Universidade de São Paulo (HCFMUSP) e das Santas Casas de misericórdia no Brasil |
| 1960 | Lei nº 3.820 de 11 de novembro |
| 1973 | Lei nº 5.991: lei sanitária sobre farmácia em âmbito nacional (Brasil) |
| 1973 | Publicação da 1a obra escrita especificamente sobre farmácia hospitalar no Brasil: livro Iniciação à Farmácia Hospitalar do Prof. José Sylvio Cimino |
| 1974 | Decreto no 74.170: operacionaliza a Lei nº 5.991 (Brasil) |
| 1975 | Inclusão da disciplina de farmácia hospitalar no currículo do curso de farmácia da Universidade Federal de Minas Gerais (Brasil) |
| 1980 | 1o curso de especialização em farmácia hospitalar na Faculdade de Farmácia da Universidade Federal do Rio de Janeiro (Brasil) |
| 1981 | 1o seminário brasileiro de farmácia clínica, no Hospital das Clínicas da Universidade federal do Rio Grande do Norte |
| 1982 | 1o seminário sobre farmácia hospitalar organizado pelo Ministério da Educação, em Brasília-DF |
| 1983 | Portaria no 196: Comissão de Controle de Infecção Hospitalar (CCIH) – Brasil |

| Período | Acontecimento |
|---|---|
| 1987 | Lançamento do azidotimidina (AZT), substância usada no tratamento da Síndrome de Deficiência Imunológica Adquirida (aids) no mercado mundial |
| 1990 | Resolução nº 208 do Conselho Federal de Farmácia (CFF), institucionalizando legalmente a farmácia hospitalar no Brasil |
| 1992 | Portaria no 930/92: sobre infecção hospitalar (Brasil) |
| 1993 | Decreto no 793: sobre genéricos, assistência farmacêutica, fracionados |
| 1995 | Criação da Sociedade Brasileira de Farmácia Hospitalar (Sbrafh) – Brasil |
| 1997 | Publicação no Brasil da Resolução nº 300 do Conselho Federal de Farmácia (CFF) |
| 1997 | Lei Federal no 6.431: instituiu a obrigatoriedade da Comissão de Controle de Infecção Hospitalar (CCIH) – Brasil |
| 1998 | Ministério da Saúde regulamenta ações para a Comissão de Controle de Infecção Hospitalar (CCIH) |
| 1998 | Portaria no 344: medicamentos sujeitos ao controle especial (Brasil) |
| 1998 | Criação da Agência Nacional de Vigilância Sanitária (Anvisa) – Brasil |
| 1999 | Lei nº 9.787: lei dos genéricos; revogação do Decreto no 793 (Brasil) |
| 1999 | Projeto de criação da residência em farmácia hospitalar no hospital-escola da Universidade Federal do Ceará |
| 2000 | Primeiro Congresso Mundial de Dose Unitária Alicante (Espanha) |
| 2000 | Resolução de Diretoria Colegiada no 33 (RDC 33): legislação sobre Boas Práticas de Manipulação (Brasil) |
| 2001 | Segundo Congresso Mundial de Dose Unitária – São Paulo (Brasil) |
| 2004 | Projeto "Diagnóstico da Farmácia Hospitalar no Brasil" – Escola Nacional de Saúde Pública, Fundação Oswaldo Cruz |
| 2005 | Medida Provisória no 238: institui a residência em área profissional da saúde (Brasil) |
| 2005 | Portaria no 2117: institui, no âmbito dos Ministérios da Saúde e da Educação, a residência multiprofissional em saúde, entre outras providências (Brasil) |
| 2006 | Criação da Comissão de Farmácia Hospitalar do Conselho Federal de Farmácia (Brasil) |

| Período | Acontecimento |
|---------|---------------|
| 2008 | Resolução nº 492 do Conselho Federal de Farmácia (CFF), regulamenta serviços de atendimento pré-hospitalar e hospitalar no Brasil |
| 2010 | Portaria nº 4.283 do Ministério da Saúde: aprova diretrizes e estratégia da farmácia hospitalar no Brasil |
| 2012 | Resolução nº 568 do Conselho Federal de Farmácia (CFF): altera artigos (do 1o ao 6o) da Resolução nº 492 do CFF |
| 2013 | Resolução nº 585 do Conselho Federal de Farmácia: regulamenta as atribuições clínicas do farmacêutico, entre outras providências |
| 2013 | Resolução nº 586 do Conselho Federal de Farmácia: regulamenta a prescrição farmacêutica, entre outras providências |
| 2013 | Portaria no 529 do Ministério da Saúde: institui o Programa Nacional de Segurança do Paciente |
| 2014 | Lei nº 13021: transforma a farmácia em estabelecimento de saúde |
| 2019 | Pandemia de Covid-19 |

Ainda nos Estados Unidos, o período entre 1920 e 1940 foi marcado por um início de reorganização, em que ocorreu, principalmente, o estabelecimento de *standards* para a prática farmacêutica.

Em 1942 é formada a American Society of Hospital Pharmacists (ASHP): Sociedade Americana de Farmacêuticos Hospitalares, o que trouxe grande progresso às farmácias hospitalares dos Estados Unidos. Essa sociedade teve como grande foco, desde a sua concepção, o paciente.

Não fica difícil entendermos o nível de excelência da prática farmacêutica nos hospitais americanos e a dedicação que o farmacêutico tem de ter para com o paciente, de forma direta e eficiente.

O movimento que motivou a elaboração de *standards* para vários procedimentos hospitalares foi iniciado pelo Colégio Americano de Cirurgiões, no início do século XX, quando foi identificada a necessidade de se padronizar procedimentos cirúrgicos, técnicas de cirurgia e medicamentos básicos para cada tipo de cirurgia. Como resposta a essa solicitação, a ASHP elaborou procedimentos-padrão, de acordo com o que já havia sido pedido pelos cirurgiões, e criou uma espécie de *padrões mínimos para farmácias hospitalares*, que mais tarde resultaria em um guia para farmácia hospitalar americano, o *ASHP Guidelines: Minimum Standard for Pharmacies in Institutions*. Além disso, por volta de 1965 nascia a farmácia clínica americana, fruto também do uso cada vez maior de medicamentos e da preocupação em se promover o uso racional desses medicamentos.

A farmácia clínica é um dos compartimentos mais importantes da farmácia hospitalar e será estudada mais adiante.

Na França, outro grande país que serve de referência para a farmácia hospitalar, o avanço se deu em duas etapas: a partir de 1894, quando um conselho de Estado regulamentou as ações do farmacêutico hospitalar e outro, depois da Segunda Guerra Mundial, com o lançamento de inúmeros produtos no mercado farmacêutico.

## A farmácia hospitalar brasileira

Somente a partir de 1950 é que a farmácia hospitalar brasileira deu passos importantes rumo a sua modernização e seu desenvolvimento. Foram justamente as farmácias existentes nos hospitais-escola e nas santas casas de misericórdia as responsáveis por esse impulso.

A essência daquilo que uma farmácia hospitalar se propõe a fazer está de fato no serviço que ela presta. Deve ficar claro que, ao contrário do que infelizmente ainda ocorre nas farmácias públicas brasileiras, nos hospitais o mais importante não está no acabamento, luxo e requinte das instalações, mas sim na eficiência, prestatividade, qualificação e competência técnica das atividades prestadas.

Uma farmácia hospitalar deve zelar por esses princípios, e foi com esse propósito que, no Brasil, surgiram nossas primeiras farmácias hospitalares.

No final dos anos 1980 poucas farmácias hospitalares possuíam organização que as diferenciasse das demais. Era possível quantificar, sem grandes dificuldades, as poucas farmácias que utilizavam a dose unitária, que possuíam padronização de medicamentos ou que executavam serviços técnicos, que não o controle de medicamentos psicotrópicos e entorpecentes.

Caso se pretendesse encontrar um hospital que tivesse em sua farmácia algum tipo de atividade clínica desempenhada pelo farmacêutico, a missão seria quase impossível, pois raríssimos serviços existiam naquele período. Somente em junho de 1990 é que tivemos no Brasil uma resolução, que ainda não era lei, colocada em prática pelo Conselho Federal de Farmácia, que reconheceu, definiu, deu atribuições e formalizou a farmácia hospitalar brasileira: a Resolução nº 208. Sete anos depois, em 1997, essa resolução seria revisada e reformulada, dando origem à Resolução nº 300.

Na década de 1980, o Ministério da Saúde, por intermédio da Coordenação de Controle de Infecção Hospitalar (Cocin), formalizou seu apoio à farmácia hospitalar com a criação do curso de especialização de farmácia hospitalar. Atualmente, o estágio pelo qual passa a farmácia hospitalar brasileira pode ser destacado como um período de busca por uma identidade.

A aplicabilidade de serviços oriundos de farmácias hospitalares tradicionais de outros países, tais como Estados Unidos, Espanha, França, etc., sofreu algumas adaptações. Em alguns casos, como na unitarização e/ou fracionamento de medicamentos, os farmacêuticos brasileiros tiveram de usar sua criatividade, pois, ao contrário de alguns países, no Brasil os medicamentos de uso hospitalar, quase que na sua totalidade, precisam ser fracionados manualmente, um a um, para poder então ser usados.

A própria dose unitária brasileira apresenta algumas particularidades interessantes, se comparada ao modelo americano. Como exemplo destacamos os dispensadores eletrônicos, que são máquinas de "dose unitária".

A farmácia hospitalar francesa, atualmente, prioriza a atividade clínica do farmacêutico e deixa que os funcionários com nível técnico conduzam as atividades rotineiras da farmácia. No Brasil, infelizmente, o farmacêutico ainda se envolve excessivamente com burocracia e muito pouco com clínica e assistência.

Um documento publicado pela Sociedade Europeia de Farmácia Clínica (ESCP) e pela Sociedade Britânica de Farmácia Clínica (UKCPA, em inglês) ressalta as grandes deficiências na formação desse profissional.

Essas dificuldades são comuns à farmácia hospitalar brasileira.

Vejamos:
- isolamento dos estudantes de farmácia dos serviços de assistência sanitária;
- o currículo da graduação privilegia algumas matérias com pouca relevância para a prática profissional;
- deveria existir maior integração entre os profissionais farmacêuticos e os acadêmicos de farmácia, enfatizando pesquisas aplicadas à prática profissional;
- na área de farmácia ainda há lacunas entre pesquisa, serviço assistencial e formação.

## Farmácia hospitalar – âmbito

O ramo de farmácia hospitalar talvez seja o único a possuir interface com a maioria dos segmentos farmacêuticos, como farmacotécnica, farmacologia clínica, legislação farmacêutica, pesquisa, tecnologia farmacêutica, dispensação, análises clínicas.

Para cada assunto citado haverá uma aplicabilidade na área de farmácia hospitalar. Vejamos cada uma delas:

- *farmacotécnica* – atividades de manipulação, fracionamento, diluições estéreis, etc;
- *farmacologia clínica* – os hospitais vêm ganhando, cada vez mais, atividades clínicas desempenhadas pelos seus farmacêuticos. Nesse caso, o conhecimento da farmacologia é vital;
- *legislação farmacêutica* – as farmácias hospitalares abrigam psicotrópicos e entorpecentes dos mais variados tipos e potências. Para exercer controle efetivo e acatar as normas legais, faz-se necessário conhecer os dispositivos legais;
- *pesquisa* – os hospitais são, em sua essência, grandes centros de pesquisa. Tal fato se deve à possibilidade de observar, controlar e monitorar pacientes, drogas, procedimentos, reações, enfim, um campo excelente para estudos clínicos em geral;
- *tecnologia farmacêutica* – uma junção de farmacotécnica com terapêutica. Muitos são os exemplos de desenvolvimento de opções medicamentosas para uso hospitalar;
- *dispensação* – talvez resida aqui uma das mais importantes atividades da farmácia hospitalar;
- *análises clínicas* – coopera com as atividades clínicas, principalmente para implantação e manutenção da farmácia clínica.

## Farmácia hospitalar – conceitos

Podemos conceituar farmácia hospitalar como um serviço tecnicamente preparado para armazenar, distribuir, controlar e eventualmente produzir medicamentos e produtos correlatos que serão utilizados em um hospital. É também sua a responsabilidade pela divulgação de informações técnico-científicas sobre medicamentos e outros agentes utilizados pelo hospital, bem como pelo seu controle de qualidade.

A farmácia hospitalar é o serviço por meio do qual se pode executar, dentro do hospital, a farmácia clínica e demais atividades relacionadas à assistência farmacêutica. Pode ser também um campo para a docência e pesquisas científicas com medicamentos.

Outra definição, dada pelo professor Cimino, emérito farmacêutico hospitalar, em 1973, indica a farmácia hospitalar como uma unidade tecnicamente aparelhada para prover as clínicas, e demais serviços, de medicamentos e produtos afins de que necessitam para seu normal funcionamento.

A Resolução nº 300 do Conselho Federal de Farmácia, do ano 1997, definiu farmácia hospitalar como uma "unidade técnico-administrativa, dirigida por profissional farmacêutico, ligada funcional e hierarquicamente às demais atividades hospitalares".

Em novembro de 2008, o mesmo Conselho Federal de Farmácia atualizou a resolução anterior, revogando-a, desta maneira publicando a Resolução nº 492, que passa a definir a farmácia hospitalar da seguinte forma:

▶ unidade clínica, administrativa e econômica, dirigida por farmacêutico, ligada hierarquicamente à direção do hospital ou serviço de saúde e integrada funcionalmente com as demais unidades administrativas e de assistência ao paciente.

A inovação apresentada em relação ao conceito anterior foi o de estabelecer os serviços de saúde no âmbito da farmácia, não se restringindo somente ao hospital. Passaram a ser inseridos os serviços de atendimento pré-hospitalar, tais como urgências e emergências por meio de serviços móveis e atendimento ambulatorial.

Uma farmácia hospitalar apoia-se em dois alicerces:
▶ técnico;
▶ administrativo.

As funções técnicas de uma farmácia hospitalar são, resumidamente, as seguintes:
▶ *Implantar um sistema de dispensação de medicamentos* que seja seguro e eficiente e que consiga suprir as necessidades geradas pelas prescrições médicas de forma ágil e com qualidade.

A dispensação é a forma pela qual o medicamento ou material será entregue ao paciente. Nesse sentido, a farmácia hospitalar deve elaborar uma maneira organizada de distribuição de medicamentos para atender o paciente de forma segura e eficiente. Entre a farmácia e o paciente existem o corpo de enfermagem e os médicos, que são clientes indiretos, mas que preenchem o ciclo que integra desde a geração da receita ou pedido até a chegada do produto e sua respectiva utilização (administração ou uso).

Existem três modelos *standards* de dispensação de medicamentos a pacientes internados:
- dose coletiva;
- dose individualizada;
- dose unitária.

Adotar uma dessas três formas como padrão exige conhecimento da realidade do hospital e competência do farmacêutico. A realidade à qual me refiro engloba o corpo clínico, características econômicas, perfil e complexidade do hospital, além de outros quesitos.

▶ *Controlar os medicamentos da Portaria no 344/1998* – é preciso deixar bem claro que, quando se fala em "produtos sujeitos ao controle especial", como no caso da Portaria no 344, não está se falando somente em psicotrópicos, entorpecentes e outros de controle especial.

A farmácia hospitalar abriga um verdadeiro arsenal de medicamentos que se constitui nas chamadas drogas lícitas, de uso terapêutico comprovado, mas, sabidamente, produtos que causam dependência. Podem ser usados com a mesma finalidade e têm efeitos muitas vezes superiores a várias drogas ilícitas.

Guardar e controlar esses medicamentos é tarefa de extrema responsabilidade, já que irregularidades no recebimento, armazenamento, controle e dispensação podem trazer problemas de cunho legal ao farmacêutico e ao hospital.

A seguir, veja os principais medicamentos da Portaria nº 344, de uso mais frequente nos hospitais.

- lista A1 – entorpecentes:
  - alfentanila;
  - buprenorfina;
  - etorfina;
  - fentanila;
  - metadona;
  - morfina;
  - petidina;
  - sufentanila.
- lista A2 – entorpecentes:
  - codeína;
  - nalbufina;
  - nalorfina;
  - tramadol.
- lista A3 – substâncias psicotrópicas. Das substâncias catalogadas, raramente alguma é utilizada.
- lista B1 – psicotrópicas:
  - alprazolam;
  - bromazepam;
  - clobazam;

- clonazepam;
- clordiazepóxido;
- diazepam;
- fenobarbital;
- flurazepam;
- lorazepam;
- midazolam;
- nitrazepam;
- pentobarbital;
- tiopental.
- lista B2 – anorexígenos psicotrópicos. Das substâncias catalogadas, raramente alguma é utilizada.
- lista C1 – outras substâncias:
  - ácido valproico;
  - amantadina;
  - amitriptilina;
  - biperideno;
  - buspirona;
  - carbamazepina;
  - cetamina;
  - ciclopentolato;
  - citalopram;
  - clorpromazina;
  - clozapina;
  - dissulfiram;
  - doxepina;
  - droperidol;
  - enflurano;
  - etomidato;
  - fenitoína;
  - fenilpropanolamina;
  - flumazenil;
  - fluoxetina;
  - haloperidol;
  - halotano;
  - hidrato de cloral;
  - imipramina;
  - isoflurano;
  - lamotrigina;
  - levodopa;

- levomepromazina;
- lítio;
- loperamida;
- misoprostol;
- naloxona;
- oxcarbazepina;
- paroxetina;
- primidona;
- propofol;
- risperidona;
- sertralina;
- sevoflurano;
- sulpirida;
- topiramato;
- tranilcipromina;
- valproato sódico;
- venlafaxina.

- lista C2 – retinoides. Das substâncias catalogadas, raramente alguma é utilizada.
- lista C3 – imunossupressores:
  - talidomida (ftalimidoglutarimida).
- lista C4 – antirretrovirais:
  - delavidina;
  - didanosina;
  - efavirenz;
  - estavudina;
  - indinavir;
  - lamivudina;
  - nelfinavir;
  - ritonavir;
  - saquinavir;
  - zalcitabina;
  - zidovudina.
- lista C5 – anabolizantes. Das substâncias catalogadas, raramente alguma é utilizada.
- lista D1 – precursores de entorpecentes e/ou psicotrópicos:
  - efedrina;
  - ergometrina;
  - ergotamina;
  - piperidina.

- lista D2 – insumos químicos utilizados como precursores para fabricação e síntese de entorpecentes e/ou psicotrópicos. Das substâncias catalogadas, raramente alguma é utilizada.
- lista E – plantas que podem originar substâncias psicotrópicas e/ou entorpecentes. Não se aplicam aos hospitais.
- lista F – substâncias de uso proscrito no Brasil. Não se aplicam aos hospitais.

A listagem mostrada é uma apresentação dos itens mais comumente utilizados em hospitais brasileiros; portanto, em algumas situações bastante particulares, um ou outro item pode ter sido omitido. Porém, hospitais psiquiátricos poderão dispor de uma quantidade maior e mais variada dessas categorias de medicamentos.

▶ *Manipulação de fórmulas magistrais e oficinais* – em algumas situações, e dependendo da estrutura existente no hospital, a farmácia pode manipular alguns medicamentos, tais como fórmulas magistrais e/ou oficinais.

As magistrais são aquelas elaboradas de acordo com a patologia, dados do paciente (idade, peso, etc.), além de seguir critérios médicos; enquanto as oficinais são aquelas que constam nos livros oficiais de farmácia, as farmacopeias.

A área de manipulação localizada dentro do hospital é chamada *farmacotécnica* e deve obedecer aos requisitos exigidos na RDC ANVISA nº 67 de 2007, que regulamenta as boas práticas de manipulação de preparações magistrais e oficinais para uso humano em farmácia. Atualmente, porém, poucos hospitais brasileiros possuem um setor de farmacotécnica voltado à manipulação de formulações oficinais ou magistrais, pois preferem terceirizar essas atividades. Entretanto, com a publicação da resolução acima, todos os hospitais que fracionam algum tipo de medicamento são obrigados a manter o setor de farmacotécnica devidamente organizado e de acordo com a legislação. Mais adiante será discutido o fracionamento em serviços de saúde.

Alguns exemplos de fórmulas oficinais e magistrais que podem ser manipuladas em um hospital: álcool 70º, polivinilpirrolidona-iodo (PVPI) alcoólico, solução de clorhexidine, hipoclorito de sódio, pasta d'água, sulfato de neomicina em cápsulas, sulfadiazina em cápsulas, sulfadiazina de prata uso tópico, nitrato de prata colírio, além de vários outros produtos.

▶ *Produção de medicamentos* – como dissemos, no caso da manipulação, o hospital pode montar uma área para produção de medicamentos, desde que possua espaço e estrutura técnica para tal. Claro que no caso da produção, a qualificação e o nível de exigência é muito superior. Mas é importante que exista autorização expedida pela autoridade sanitária local, pois como o objeto do hospital é a prestação de serviços, o fato de produzir medicamentos descaracteriza a atividade principal, o que obriga a empresa hospitalar a ter registro para exercer essa atividade semi-industrial.

Todavia, são pouquíssimos os hospitais brasileiros que possuem produção ativa de medicamentos, e a quase totalidade deles é formada por hospitais públicos ou por algumas santas casas de misericórdia.

- *Fracionamento e/ou diluição de substâncias injetáveis* – os medicamentos injetáveis são apresentados em concentrações-padrão formuladas pela indústria farmacêutica com o objetivo de atender a maioria dos usuários (pacientes) ou porque são passíveis de readequação no que se refere à sua posologia.

Mesmo assim, alguns medicamentos injetáveis – entre eles os antibióticos – precisam de diluição personalizada para que possam ser administrados. Sua estabilidade físico-química fornece parâmetros que permitem saber se eles podem ser utilizados ou não. Isso ocorre de tal maneira que, se a farmácia puder, ela envia esses produtos já fracionados na dose solicitada pelo médico, evitando perdas e prejuízos.

Podemos destacar os antibióticos de uso pediátrico ou neonatal, em que as concentrações prescritas são bem inferiores às apresentações existentes, o que torna necessária a readequação da dosagem rotulada. Nesse caso, a farmácia pode enviar essas doses já prontas, mas, para isso, precisa possuir uma área adequada para essa atividade, incluindo-se aí os fluxos laminares (capelas de preparo).

Os soros já são dispensados com os componentes, e os demais injetáveis chegam para a enfermagem na própria seringa.

- *Controle de qualidade de tudo o que for produzido ou manipulado* – em qualquer situação em que exista manipulação ou produção de medicamentos é obrigatória a existência de procedimentos que atestem a qualidade dos produtos. Da mesma forma, é necessária também a validação dos processos de manipulação ou produção.
- *Prestar informações sobre medicamentos (novos ou descontinuados)* – no âmbito hospitalar, a farmácia é o departamento responsável por fornecer informações sobre medicamentos aos médicos e demais integrantes da equipe multiprofissional. Essas informações chegam por meio das visitas dos fornecedores, por ações de *marketing* da indústria ou do interesse do farmacêutico em buscar atualizações na farmacoterapia.

No caso das visitas dos fornecedores, há a necessidade de se disciplinar, nos laboratórios, regras para que elas ocorram. Em alguns países, como no caso da França, o único departamento autorizado a receber propagandistas da indústria farmacêutica é a farmácia hospitalar.

▶ *Promover programas de educação continuada* – esse pode ser um passo importante para que a farmácia consiga obter papel de destaque dentro da organização hospitalar. Os temas devem envolver assuntos pertinentes ao universo dos medicamentos em todas as suas interfaces, principalmente no âmbito hospitalar.

Podemos destacar:

- interações medicamentosas;
- uso racional de medicamentos;
- temas de reciclagem em geral (infecção hospitalar, armazenamento, etc.);
- elaboração de uma relação padronizada de medicamentos com participação ativa da Comissão de Farmácia e Terapêutica (CFT).

A lista padronizada de medicamentos é um dos alicerces para a execução de várias atividades da farmácia hospitalar. Sua elaboração e manutenção são vitais para o bom funcionamento da farmácia e seu perfil é formado de acordo com características pertinentes a cada hospital.

▶ *Atuar nas pesquisas e investigações sobre medicamentos* – parcerias entre hospitais e institutos de pesquisa ou laboratórios farmacêuticos são comuns e bastante úteis, desde que observados princípios éticos e legais.

Os hospitais oferecem vastíssimo campo para estudos sobre medicamentos, dos quais podemos destacar os estudos de farmacovigilância.

▶ *Apoiar atividades clínicas* – a farmácia clínica, para a maioria dos hospitais brasileiros, ainda é uma meta a ser atingida, um objetivo a ser alcançado, que vagarosamente vem sendo mais bem compreendida. Dentro de alguns anos, esperamos, passará a ser exercida com maior frequência e trará resultados conhecidos e esperados. No entanto, ainda existe uma enorme deficiência no que diz respeito à quantidade dos farmacêuticos clínicos no mercado.

▶ *Participar das comissões hospitalares* – o farmacêutico hospitalar deve atuar, no mínimo, nas seguintes comissões:

- Comissão de Controle de Infecção Hospitalar (CCIH);
- Equipe Multidisciplinar de Terapia Nutricional (EMTN);
- Comissão de Farmácia e Terapêutica (CFT);
- Comissão de Farmacovigilância;

- Comissão de Gerenciamento de Resíduos de Serviços de Saúde;
- Equipe Multidisciplinar de Terapia Antineoplásica (EMTA);
- Comissão de Licitação e Parecer Técnico;
- Comissão de Riscos Hospitalares;
- Comissão de Ética e Pesquisa em Seres Humanos;
- Comissão de Avaliação de Tecnologias;
- Comissão Interna de Previsão de Acidentes;
- Comissão de Educação Permanente.

As funções administrativas de uma farmácia hospitalar podem ser:

▶ *Gestão* – quando se fala em gestão administrativa com participação ativa do farmacêutico hospitalar muitas interrogações são lançadas. Toda essa desconfiança decorre da falta de preparo recebida desde a graduação.

Gradativamente os administradores hospitalares vêm repassando funções de controle e gerenciamento ao farmacêutico, mas os resultados obtidos ainda não são os esperados. Para que consiga obter resultados positivos na gestão, o farmacêutico deve:

- possuir conhecimentos básicos sobre contabilidade e economia;
- ter formação em nível de pós-graduação em farmácia hospitalar ou em administração hospitalar;
- livrar-se de estereótipos que o colocam como profissional puramente técnico;
- atuar como líder e comunicar-se com desenvoltura, para que seja facilmente compreendido pelos subordinados;
- traduzir as políticas implantadas pelo administrador hospitalar para alcançar as metas estabelecidas.

▶ *Padronização de fluxos de reposição e quantidades de itens por estoque* – não basta à farmácia hospitalar, simplesmente, quantificar e padronizar os estoques satélites (farmácias, postos de enfermagem, *kits*, carrinhos de emergência), é preciso também encontrar meios de controlar os fluxos de distribuição e abastecimento desses estoques.

Quanto ao abastecimento, deve-se estabelecer:

- periodicidade;
- acesso;
- restrição.

Portanto, estoques que estiverem momentaneamente parados devem ser tratados com vigilância permanente, pois são parte do capital da empresa.

▶ *Apoio ao departamento de compras hospitalares* – a farmácia pode não atuar diretamente nas compras, mas indiretamente tem funções de grande importância, principalmente na verificação da qualidade das marcas adquiridas.

▶ *Implantação de programas de controle de medicamentos de alto custo* – alguns medicamentos utilizados na rotina hospitalar merecem cuidados específicos. Esses cuidados se devem a questões econômicas e a fatores que dizem respeito à utilização racional dos medicamentos. Alguns medicamentos, mesmo que de forma isolada, têm uma grande representatividade no contexto financeiro de todo o estoque. Nessa situação, a farmácia hospitalar deve introduzir rotinas capazes de conter prováveis usos desnecessários de alguns itens. Porém, parte desses medicamentos, principalmente certos antibióticos, repositores volêmicos e alguns citostáticos, precisa ser permanentemente vigiada, pois eles estão sujeitos a epidemiologias.

Ainda sobre as atribuições do farmacêutico hospitalar, a Resolução nº 492 do Conselho Federal de Farmácia do ano 2008 estabelece, do ponto de vista legal, que ele deve:

▶ assumir a coordenação técnica da farmácia nas discussões de sseleção e aquisição de produtos farmacêuticos, para garantir a sua qualidade e otimizar a terapia medicamentosa;
▶ cumprir normas e disposições gerais relativas ao armazenamento, controle de estoques e distribuição de medicamentos correlatos, germicidas e materiais médico-hospitalares;
▶ estabelecer um sistema eficiente, eficaz e seguro de dispensação e controle de estoques de produtos farmacêuticos;
▶ quando possuir um setor de farmacotécnica, dotá-lo de todos os meios para garantir a qualidade dos produtos manipulados, sejam eles estéreis ou não;
▶ elaborar manuais técnicos e formulários próprios;
▶ participar como membro permanente nas diversas comissões do hospital;
▶ participar de ensaios clínicos autorizados e de programas de farmacovigilância, quando houver;
▶ participar de atividades de ensino;
▶ desenvolver atividades colaborativas com outras áreas do hospital;
▶ estimular a implantação da farmácia clínica.
▶ realizar a gestão do serviço de farmácia;
▶ desenvolver infraestrutura;
▶ desenvolver ações de gerenciamento de riscos hospitalares, como detecção de reações adversas a medicamentos;

- prevenir e/ou detectar os erros no processo de utilização de medicamentos;
- realizar outras atividades segundo a especificidade e a complexidade do hospital e os outros serviços de saúde.

A Portaria nº 4.283 (MS/Brasil), publicada em 31 de dezembro de 2010, veio com o objetivo de traçar diretrizes para a organização e fortalecimento da farmácia hospitalar no Brasil; além disso, também teve como consequência a revogação da Portaria nº 316 do Ministério da Saúde, de 1977, que fixava limite de leitos para o exercício profissional do farmacêutico.

Podemos considerar a Portaria nº 4.283 como um marco regulatório para a farmácia hospitalar brasileira, já que havia uma imensa lacuna legal neste âmbito da saúde. Essa normativa trouxe diretrizes e estratégias para a organização, o fortalecimento e o aprimoramento das ações e serviços de farmácia no âmbito dos hospitais; e enfatizou a "gestão" como elemento fundamental na farmácia hospitalar, elencando como seus objetivos principais:

- garantir abastecimento, dispensação, acesso, controle, rastreabilidade e uso racional de medicamentos e de outras tecnologias em saúde;
- assegurar o desenvolvimento de práticas clínico-assistenciais que permitam monitorar a utilização de medicamentos e outras tecnologias em saúde;
- otimizar a relação entre custo, benefício e risco das tecnologias e processos assistenciais;
- desenvolver ações de assistência farmacêutica, articuladas e sincronizadas com as diretrizes institucionais;
- participar ativamente do aperfeiçoamento contínuo das práticas da equipe de saúde.
- gestão;

> O farmacêutico hospitalar, acima de tudo, precisa ser um gestor!

Nota-se, nos objetivos mencionados, um viés muito grande de gestão, o que demonstra a relação cada vez mais próxima entre gestão e aspectos técnicos, assistenciais e clínicos da farmácia hospitalar. Pilares da Portaria nº 4.283 do Ministério da Saúde:

- desenvolvimento de ações inseridas na atenção integral à saúde;
- infraestrutura física, tecnológica e gestão da informação;
- recursos humanos;
- informação sobre medicamentos e outras tecnologias em saúde;
- ensino, pesquisa e educação permanente em saúde.

## Perfil do farmacêutico hospitalar

As habilidades e competências esperadas de um farmacêutico hospitalar podem ser resumidas em técnicas e administrativas (gerenciais).
O perfil desejável pode ser descrito da seguinte forma:
► possuir formação em farmácia hospitalar, em nível de pós-graduação, ou ter cursado a disciplina de farmácia hospitalar na graduação;
► ter realizado estágio em farmácia ou possuir experiência anterior em farmácia hospitalar;
► possuir conhecimentos básicos de contabilidade e administração;
► possuir habilidades naturais, como comando e liderança;
► conhecer as ferramentas básicas da qualidade total.

## Localização da farmácia hospitalar

A farmácia hospitalar deve localizar-se em um ponto estratégico do hospital, para facilitar o recebimento de mercadorias e agilizar a sua distribuição.
No Brasil, muitas farmácias hospitalares ainda estão localizadas em pontos pouco convencionais, como próximas à lavanderia, ao estacionamento, à copa ou ao necrotério. Isso ocorre principalmente nos hospitais mais antigos; porém, nos hospitais construídos recentemente, a tendência tem sido a de apresentar farmácias de menor dimensão, porém em locais de melhor acesso para entradas e saídas de mercadorias.
Em algumas situações, a farmácia está fisicamente ligada ao almoxarifado, dessa forma, o fluxo de abastecimento fica facilitado. Porém, em muitos hospitais, o almoxarifado fica isolado, condição que obriga a farmácia a padronizar e implantar fluxos de abastecimento.

Fluxo de abastecimento:

O fluxo deve obedecer a algumas regras, como:
- não interferir no andamento das atividades do hospital;
- respeitar horários de pico;
- transportar os produtos de forma segura e rápida (monta-cargas, tubos pneumáticos, etc.);
- abastecer, sem excessos, para evitar a falta de medicamento;
- efetuar reposições em intervalos menores possíveis, para se evitar o acúmulo de estoques.

A localização propriamente dita da farmácia, ou mesmo da área de estocagem (almoxarifado) deve, prioritariamente:
- ser bem ventilada;
- ter boa iluminação, preferencialmente com alguma penetração de luz natural que não incida diretamente nos medicamentos;
- possuir temperatura e umidade do ar sob controle;
- ser equidistante das unidades que abastece;
- possuir fácil acesso, com rampas ou áreas de escape.

Sobre a questão do acesso à farmácia, no contexto hospitalar nacional, existem ainda grandes dificuldades, já que uma grande parcela dos hospitais brasileiros foi construído há mais de vinte anos, período em que não se atribuía à farmácia a importância hoje conferida.

Atualmente, a engenharia hospitalar trata com grande atenção todas as questões que envolvam processos e setores ligados à logística.

## Área

Não existe legislação específica que estabeleça dimensões para a farmácia hospitalar. A Organização Mundial de Saúde (OMS) recomenda que uma farmácia hospitalar deve ter de 0,9m$^2$ a 1,2m$^2$ por leito hospitalar. Se a média for de 1m$^2$ por leito, um hospital de cem leitos deve possuir 100m$^2$ de área de farmácia.

A Sociedade Brasileira de Farmácia Hospitalar (SBRAFH) recomenda, em seus *Padrões mínimos para farmácia hospitalar*[18], as seguintes dimensões:
- área de recepção e inspeção: 10% da área de armazenagem;
- CAF: 0,6m²/leito;
- área de distribuição: 10% da área de armazenagem;
- sala de chefia: 5,5m²/pessoa;

---

[18] Sociedade Brasileira de Farmácia Hospitalar, "Padrões Mínimos para Farmácia Hospitalar", 2007. Disponível em http://www.sbrafh.org.br/site/public/temp/4f7baaa6b63d5.pdf. Acessado em 28/09/2015.

- área administrativa: 5,5 m²/pessoa;
- sala de reunião: 2 m²/pessoa;
- farmácia satélite: 20 m²;
- sala de diluição de germicidas: 9m².

Essa farmácia, entretanto, deve abranger algumas áreas ou setores essenciais:

- *administração* – local da farmácia que abriga as atividades ligadas à gestão, tais como controle de estoques, custos, etc;
- *central de abastecimento farmacêutico (CAF)* – área destinada a armazenar, em grandes volumes, o estoque da unidade hospitalar que suprirá as necessidades periódicas da demanda. Esse setor deve possuir apoio administrativo (recepção, recebimento, arquivo, etc.);
- *dispensação* – espaço onde são acomodadas as bancadas e/ou mesas para separação dos medicamentos e materiais correlatos. Deve estar preparada para a execução de procedimentos que dão suporte à dispensação, como triagem, conferência e análise farmacêutica;
- *farmacotécnica* – é o laboratório de manipulação de medicamentos. Nessa área a farmácia também pode realizar o fracionamento dos medicamentos, desde um sólido oral até uma nutrição parenteral, dependendo da estrutura oferecida;
- *divisão técnica* – abrange segmento da farmácia hospitalar destinada a realizar estudos técnicos, farmacovigilância, monitoramento, pesquisa, biblioteca ou o Serviço de Informações sobre Medicamentos (SIM).

## Farmácias satélites

Em virtude da necessidade de atender com eficiência às requisições de materiais e medicamentos oriundos de diversos setores – produtos que objetivam indiretamente assistir ao paciente –, a farmácia precisa possuir braços de atendimento espalhados por todo o hospital.

Imagine um hospital geral, do tipo vertical, com apenas uma farmácia ou um pronto-socorro de grande movimentação e afluxo de pedidos, sem uma farmácia satélite... Seria uma situação caótica.

As farmácias satélites são imprescindíveis no conceito moderno por razões que vão ao encontro da economia e da necessidade do atendimento rápido e eficiente, pois seus estoques são mensurados com base no consumo do(s) setor(es) que abastecerão.

Elas evitam que subestoques sejam formados sem nenhum controle e de forma indiscriminada, reduzem os riscos de perda de medicamentos por armazenamento inadequado ou validade expirada, e não permitem o uso irracional de medicamentos. Além disso, a interface consumo ⁄ faturamento não corre riscos de sofrer desvios, já que em um estoque no qual não se tem controle não há como garantir que os lançamentos sejam feitos de forma precisa nas contas dos pacientes.

Vantagens das farmácias satélites:
- permitem acompanhamento real do estoque;
- dão maior agilidade e rapidez no atendimento de requisições;
- possuem maior proximidade de setores críticos (fechados), como unidade de terapia intensiva (UTI), pronto-socorro e centro cirúrgico;
- possibilitam economia.

Antes de decidir montar a farmácia satélite em um determinado setor, deve-se avaliar a viabilidade econômica – relacionada ao volume mensal do estoque que circula no local – e o espaço físico suficiente para o seu funcionamento.

É interessante que o valor controlado seja superior ao custo fixo necessário à sua manutenção (pessoal, equipamentos, etc.). Mesmo assim, pode-se abrir exceção para casos especiais, como o pronto-socorro, no qual, na maioria das vezes, os valores movimentados são baixos, mas a quantidade de atendimentos é grande.

### Unidade de terapia intensiva (UTI) e centro cirúrgico

São dois setores onde a existência de farmácias satélites é praticamente obrigatória. Os valores movimentados na UTI e no centro cirúrgico, quando somados, atingem média igual ou superior a 50% do consumo total de materiais e medicamentos do hospital.

Isso se deve às espécies movimentadas, das quais podemos destacar:
- antibióticos;
- anestésicos;
- materiais médico-hospitalares;
- órteses, próteses.

A farmácia satélite localizada na Unidade de Terapia Intensiva (UTI) deve dispor de medicamentos e materiais de uso comum nesse setor, o mesmo ocorre com o centro cirúrgico.

Em uma UTI deve haver agilidade e rapidez na entrega dos produtos solicitados, portanto, é necessário fluxo otimizado de abastecimento. Já no centro cirúrgico há o recurso dos *kits* cirúrgicos, que são padronizados pelos profissionais envolvidos na sua utilização, tais como médicos, profissionais de enfermagem e farmacêuticos. Mais adiante, no capítulo de Farmácia Clínica abordaremos as atividades clínicas do farmacêutico na UTI.

A montagem dos *kits* objetiva facilitar o uso dos produtos nele contidos e evitar que haja circulação excessiva fora das salas cirúrgicas. O fluxo para montagem e entrega deve ser definido pela farmácia e pode ser da seguinte forma:
- o médico realiza o agendamento cirúrgico, que compreende a marcação das cirurgias para os próximos dias;
- a enfermagem recebe solicitação de agendamento e confirma com o médico se haverá necessidade de materiais especiais (órteses, próteses, etc.), além de cuidados especiais que devem ser transmitidos aos pacientes (exames, jejum, etc.);
- a farmácia satélite consulta mapa cirúrgico do dia seguinte. Nesse mapa impresso constarão todos os pacientes/cirurgias;
- a farmácia satélite do centro cirúrgico inicia separação dos *kits cirúrgicos* referentes às cirurgias agendadas. Essa separação é organizada de acordo com cada paciente e seu respectivo procedimento;
- no dia seguinte, próximo ao horário da cirurgia, o circulante da enfermagem retira os *kits* na farmácia;
- após a cirurgia, ocorre a devolução dos itens não utilizados com a posterior reintrodução dos produtos no estoque e lançamento dos itens utilizados na conta do paciente.

Os *kits* cirúrgicos devem ser preparados anteriormente à cirurgia, já que compreendem materiais e medicamentos variados. Além disso, deve-se evitar que haja a necessidade de o circulante ir "a todo o momento" na farmácia retirar produtos avulsos.

A seguir, alguns *kits* mais utilizados em um centro cirúrgico:
- colecistectomia;
- mastectomia;
- parto cesárea;
- parto normal;
- pré-parto;
- curetagem uterina;
- histerectomia total abdominal;
- colpoperineoplastia;
- amigdalectomia (adulto ou criança);
- apendicectomia;
- craniotomia;
- facectomia;

- hemorroidectomia;
- anestesia geral adulto;
- anestesia raqui;
- anestesia peridural.

Conforme comentado anteriormente, a confecção de cada *kit* cirúgico deve obedecer ao padrão formulado pelos seus próprios usuários: anestesistas, médicos e demais integrantes da equipe (enfermeiras, instrumentadores, etc.).

É muito comum um chefe de equipe padronizar um *kit* para determinada cirurgia, mas dependendo de qual integrante de sua equipe que venha para o procedimento, há alterações, às vezes em larga escala.

Essas alterações são motivadas por preferências acadêmicas (condutas), oriundas da "escola" da qual o médico deriva, por desconhecimento, ou até por preferências comerciais.

Essas situações de não adesão ao *kit* não podem acontecer, pois cada item não contemplado no *kit* será retirado na farmácia pelo circulante da enfermagem, demandando tempo e não trazendo dinâmica ao processo, que é justamente o que o *kit* busca.

Existem algumas exceções à regra que devem ser observadas quando da padronização dos *kits*:

- fios cirúrgicos;
- luvas cirúrgicas.

Esses dois itens geralmente ocupam volume nas caixas (luvas), além de constantemente serem alterados em relação à sua especificidade (fios), portanto pode ser interessante que se deixe para liberar luvas e fios próximo da cirurgia.

As luvas possuem tamanhos variados e cada médico vai usar as suas; e os fios são específicos para cada cirurgia.

A montagem das caixas dos *kits* seguirá então o padrão. Vejamos alguns exemplos de *kits* (conteúdos):

- *Kit* parto cesárea:
    - 1 cortador de soro;
    - 2 *cord clamp* umbilical;
    - 6 eletrodo descartável adulto;
    - 1 PVPI tópico almotolia 100ml;
    - 1 agulha de raqui 25g;
    - 1 agulha de raqui 27g;
    - 1 álcool 70º gl almotolia 100ml;
    - 1 tintura de benjoim 100ml;
    - 1 clorhexidina alcoólica 100ml;

- 1 frasco de aspiração de secreção.

▶ *Kit* amidalectomia:
- 1 seringa descartável 3ml;
- 2 soro glicosado 5% 500ml;
- 1 fita crepe 16 × 50 (rolo);
- 1 cânula de Guedel GD 03 descartável;
- 1 fio Catgut;
- 2 cateter Gelco 20;
- 1 equipo;
- 1 torneirinha 3 vias;
- 1 luva cirúrgica estéril 6,5;
- 1 luva cirúrgica estéril 7,0;
- 1 luva cirúrgica estéril 7,5;
- 1 luva cirúrgica estéril 8,0;
- 1 sonda spyra 12;
- 8 pacotes de compressas de gazes;
- 1 lâmina bisturi 12;
- 3 sonda endotraqueal com balão;
- 5 agulha descartável 40 × 12;
- 5 agulha descartável 30 × 7;
- 5 seringa descartável 10ml;
- 5 soro fisiológico 0,9% 500ml;
- 5 Ringer Lactato 500ml.

## Pronto-socorro

Uma farmácia satélite localizada dentro do pronto-socorro dificilmente reunirá argumentos econômicos que justifiquem sua existência, isto porque os valores ali movimentados serão, em geral, inferiores aos custos para sua manutenção.

As exceções podem vir de grandes hospitais, mesmo assim fica claro que funcionar uma farmácia no pronto-socorro é exclusivamente interessante pela agilidade que esse setor requer no atendimento de suas requisições.

A Curva A de medicamentos usados no pronto-socorro é muito diferente daquela usada na UTI, centro cirúrgico, dispensação, mas ao receber uma requisição de qualquer material ou medicamento, independentemente do seu custo, é preciso entregá-lo rapidamente, não podendo ir buscá-lo em setor distante, para só depois dispensá-lo. As farmácias satélites localizadas em pronto-socorros geralmente exigem uma estrutura bastante simplificada, dispensando esquemas de distribuição especiais como dose unitária, etc.

Na verdade, o mais importante é receber o pedido, fazer sua saída e dispensá-lo, tudo isso de maneira rápida.

A seguir uma sugestão de fluxo:
- ► enfermeiro(a) ou auxiliar de enfermagem recolhe pedido médico (manual) ou envia sua impressão para a farmácia do pronto-socorro (informatizada);
- ► auxiliar de farmácia separa medicamento, realiza baixa em estoque (leitura via código de barras em sistema informatizado), carimba "entregue" no pedido e dispensa o produto;
- ► enfermeiro(a) ou auxiliar de enfermagem confere e administra no paciente o medicamento;
- ► ficha contendo o pedido médico segue para faturamento.

Uma farmácia hospitalar, independentemente da estrutura e do tamanho da unidade hospitalar, deve atender, no que se refere à sua operacionalização, a três preceitos básicos:
- ► agilidade;
- ► fluidez;
- ► controle.

Essas três características são como alicerces que sustentam o bom funcionamento de uma unidade farmacêutica.
- ► A *agilidade* se torna o quesito mais importante para a farmácia quando admitimos que a dispensação de medicamentos e materiais é a atribuição pela qual a farmácia é mais exigida.

Mais adiante, nos sistemas de dispensação de medicamentos, veremos que a padronização de horários de medicamentos é um dos itens de maior importância para que exista a agilidade mencionada. Ao se padronizarem horários com a ajuda do corpo de enfermagem, deve-se levar em consideração os horários de visitas médicas e principalmente os horários dos plantões da enfermagem.

Se um medicamento tem como horário-padrão 18 horas, mas a enfermagem troca plantão nesse exato horário, torna-se inviável a adoção do mesmo.

De quem será a responsabilidade por conferir, administrar e checar o medicamento? Do plantão que sai ou do plantão que entra?

Ainda sobre a agilidade, como dispensar medicamentos e materiais sem a exatidão que a informática proporciona.

Portanto, como controlar estoques, supri-los, faturar em tempo real e demais interfaces, sem um sistema informatizado?

Atualmente os hospitais não abrem mão disso. É como um hotel, onde *tudo* que é consumido – em serviços (internação, etc.) e produtos (medicamentos, materiais, órteses, etc.) – deve ser minuciosamente cobrado, desde o oxigênio respirado e utilizado pelo paciente até as refeições que eventualmente seu acompanhante tenha consumido.

▶ Quando se fala em *fluidez*, a relação que se tenta buscar é com a proximidade do que se vai usar com quem vai usar.

As farmácias satélites e os *kits* cirúrgicos, já mencionados, além de recursos que promovam a eficiente chegada do que foi requisitado, evidenciam a fluidez.

Entre esses recursos, destacam-se os tubos pneumáticos e os elevadores monta-carga, estes últimos um pouco em desuso.

Já os tubos pneumáticos têm seu uso cada vez mais adotado, principalmente nas estruturas hospitalares mais modernas, pois, da mesma forma que canos de água, eles permeiam todas as entranhas do hospital, tal como redes de distribuição, chegando em todos os locais com rapidez incomparável.

Se a farmácia está localizada de forma não equidistante, envia-se o produto, que é colocado no interior de uma cápsula e disparado a vácuo para o local requisitante.

▶ O significado da palavra *controle* dentro da gestão de uma farmácia hospitalar é autoexplicativo. O farmacêutico hospitalar deve "a todo o momento" acompanhar o andamento de tudo aquilo que acontece na sua unidade.

Ele precisa evitar que no final do período sejam apuradas situações de grave consequência técnica e financeira.

O dia a dia desse profissional deve começar com a "leitura" dos acontecimentos. Se há aumento de consumo de um medicamento de alto custo, se a taxa de infecção hospitalar aumentou subitamente por causa de um surto, se há itens que não vêm sendo movimentados no estoque por um período extenso, etc.

Chamamos a isso de "acompanhamento dos indicadores hospitalares". Sendo assim, é obrigação do farmacêutico hospitalar observar sempre:

▶ taxa de ocupação;
▶ consumo de produtos dispensados pela farmácia hospitalar;
▶ taxa de infecção hospitalar;
▶ itens não movimentados no estoque;
▶ devoluções;
▶ glosas (com o faturamento).

# 7 Seleção, padronização e produção/manipulação de medicamentos

A farmácia hospitalar pode manipular alguns dos medicamentos que utiliza. Não há também restrições legais às atividades farmacotécnicas dentro dos hospitais. Entretanto, existe uma linha tênue que separa a *manipulação* da *produção*. Caso venha a produzir medicamentos, o hospital estará realizando uma atividade de maior amplitude se comparada à manipulação simplesmente, o que configuraria, dessa forma, uma atividade semi ou mesmo industrial. Assim, avança para uma situação de produção em maior escala.

Nas atividades de manipulação e fracionamento, deve haver total atenção à RDC nº 67/2007, legislação específica para tais atividades. A manipulação, "estado da arte" do ofício farmacêutico, compreende algumas atividades:

- manipulação de fórmulas magistrais ou oficinais;
- fracionamento de medicamentos;
- manipulação de nutrição parenteral padrão (NPP);
- manipulação de citostáticos;
- tecnologia farmacêutica;
- radiofármacos.

A farmácia hospitalar pode, em situações justificáveis, manipular ou até produzir seus próprios medicamentos. Essas situações são basicamente as seguintes:

- *assegurar o abastecimento* – situações em que o medicamento se encontra em falta no mercado ou sua fabricação está descontinuada. Nesses casos, se comprovada as vantagens terapêuticas do produto, não se pode abrir mão do seu uso, razão que motiva a farmácia a manipulá-lo.

- *ausência de fornecedores* – por questões de qualidade ou mesmo pela inexistência, a farmácia é obrigada a manipular certos produtos.
- *custos* – quando o custo da produção própria é inferior ao da industrializada.
- *adequação da dose e da forma farmacêutica* – alguns medicamentos possuem doses inadequadas para alguns esquemas posológicos, como no caso da pediatria e das unidades de terapia intensiva (UTIs) neonatais, por isso precisam ter modificações nas suas concentrações--padrão.

  Outra situação muito comum é aquela em que se faz necessária a mudança da forma farmacêutica para que o medicamento possa ser utilizado. Para algumas drogas, certas formas farmacêuticas, por terem baixa estabilidade após o preparo, não chegam a ser produzidas pela indústria. Há, então, a possibilidade de a farmácia manipulá-las para uma utilização mais imediata.
- *pesquisa* – a tecnologia farmacêutica aplicada à farmacotécnica encontra no hospital um vasto campo para a investigação sobre novas drogas, ou melhorias em medicamentos já existentes.

## Critérios para produção/manipulação

Caso seja aprovada a iniciativa, alguns pré-requisitos devem ser seguidos:
- adequação às exigências legais;
- área;
- equipamentos;
- protocolos operacionais padrão (POPs);
- qualificação técnica dos profissionais envolvidos;
- programação para a produção;
- análise dos custos (produção e fixos).

## Uso racional de medicamentos

A Organização Mundial de Saúde (OMS), em 1985 (Nairóbi – Quênia), conceituou o uso racional de medicamentos como sendo aquele em que "pacientes recebem a medicação apropriada para sua situação clínica, nas doses satisfatórias, por um período adequado, ao menor custo possível".[19]

---

[19] Sociedade Brasileira de Vigilância de Medicamentos (Sobravime)/Acción Internacional para la Salud – América Latina y El Caribe (Ais/LAC), *O que é uso racional de medicamentos?* (São Paulo: Sobravime/Ais-LAC, 2001), p. 50.

Os critérios para o uso racional são:
- indicação apropriada;
- dose, administração e duração apropriadas ao tratamento;
- verificação prévia da possibilidade de ocorrer reações adversas aos medicamentos;
- dispensação correta com informação sobre o medicamento;
- aderência ao tratamento (Compliance).

Há pouco mais de dez anos, a OMS estimou que cerca de 70% dos medicamentos existentes no mercado são constituídos por substâncias não essenciais, chegando, em alguns casos, a ser consideradas perigosas.

Um estudo realizado na França apurou que, entre 1975 e 1984, dos 508 novos produtos lançados no mercado, 70% não ofereciam vantagens terapêuticas. Enquanto isso, o Food and Drug Administration (FDA) apurou que dos 348 novos medicamentos das 25 maiores corporações farmacêuticas dos Estados Unidos, apenas 3% (doze medicamentos) representaram importante contribuição aos tratamentos existentes.

A introdução de novos fármacos no mercado farmacêutico mundial ocorre em progressões geométricas e movimenta valores expressivos. Para 1990, o valor do mercado farmacêutico mundial foi calculado entre cerca de 174 e 186 bilhões de dólares; em 2000, esse valor ultrapassou os 330 bilhões de dólares.

A descoberta de novos compostos traz esperança para a cura e o tratamento de muitas doenças, mas para que se chegue à molécula final muitas pesquisas e testes precisam ser realizados.

## Tempo e custos

A relação entre esses dois quesitos determina a velocidade segundo a qual o medicamento sairá das planilhas e dos relatórios para finalmente chegar às prateleiras das farmácias. Esse tempo pode levar, em média, catorze anos.

A velocidade dos lançamentos de produtos farmacêuticos tem crescido nos últimos anos. Dados da Associação da Indústria Farmacêutica de Pesquisa (Interfarma) mostram que, na década de 1960, um medicamento se mantinha no mercado como o único de sua categoria por cerca de doze anos. No final dos anos 1980, esse tempo caiu para quatro anos.

Grandes laboratórios farmacêuticos chegam a reservar quantias astronômicas para o desenvolvimento de novos produtos.

## O surgimento de um novo medicamento

O custo para o desenvolvimento de um novo medicamento foi orçado em 897 milhões de dólares pelo Centro de Estudos e Desenvolvimento de Drogas da Universidade Tufts (Estados Unidos, 2003). Em 1989, a mesma universidade estimava esse valor em 250 milhões de dólares.

O tempo necessário para o desenvolvimento de um novo fármaco também sofreu oscilações no decorrer dos últimos anos:
- 8,1 anos na década de 1960;
- 11,6 anos na década de 1970;
- 14,2 anos na década de 1980;
- 14,9 anos entre 1990 e 1996.

As etapas:
- *1ª etapa – Invenção e desenvolvimento* – estima-se que entre cinco e dez mil moléculas necessitam ser estudadas para se atingir o composto final. Para a obtenção dessas moléculas, os pesquisadores recorrem a bancos de dados sobre compostos químicos.
- *2ª etapa – Ensaios préclínicos* – essa etapa pode durar entre quatro e seis anos, e é extremamente importante, pois pode ser considerada uma primeira triagem para aquelas substâncias que trarão resultados. Essa é a etapa em que as indústrias costumam pedir imediatamente as patentes das substâncias mais promissoras. É também nesse período que os estudos são realizados em animais, como camundongos, coelhos, etc.
- *3ª etapa – Testes clínicos*:
  - fase I – a melhor substância, daquelas testadas em animais, será avaliada em grupos de voluntários saudáveis (em torno de cem pessoas) para a verificação de doses e fatores que podem influenciar nos resultados. Essa fase pode levar até um ano.
  - fase II – há uma continuidade dos testes, caso se atinja os resultados prévios esperados, mas nesse caso os grupos de voluntários são bem maiores. A meta é a verificação de efeitos colaterais e idiossincrasias. Pode levar entre dois e três anos.
  - fase III – envolve de mil a cinco mil pacientes, de diferentes biótipos, e permite o monitoramento de reações adversas em uso de longa duração. Essa fase pode durar entre três e quatro anos. Nesse momento os laboratórios pedem a aprovação aos órgãos competentes.
  - fase IV – comercialização: com o uso massificado, nessa fase ainda é possível que se descubram efeitos colaterais não manifestados ou

não apurados nas pesquisas. Portanto, a indústria e as agências reguladoras precisam estar atentas para evitar transtornos maiores, como o caso da talidomida e tantos outros já constatados.

▶ *Como evitar o uso desnecessário?*

Conforme mencionado, ainda existe uma grande quantidade de substâncias não essenciais no mercado, mas algumas das modalidades comerciais aplicadas ampliam de forma indiscriminada o consumo de medicamentos, influenciando diretamente na provisão, aquisição, prescrição, dispensação e uso. Para evitar essa modalidade que impõe riscos à sociedade e influencia o consumo dentro dos hospitais, é preciso que algumas das seguintes ações ocorram:

- devem haver políticas farmacêuticas que privilegiem o uso racional;
- as legislações precisam ser cumpridas e fiscalizadas;
- os fabricantes devem se preocupar não somente com a oferta e o não desabastecimento do mercado, mas também em prestar informações completas e acessíveis sobre os medicamentos que comercializam;
- as instituições de ensino precisam, cada vez mais, melhorar a formação dos profissionais, seja no âmbito técnico, seja na questão da ética;
- profissionais prescritores (médicos, dentistas, veterinários, etc.) e dispensadores (farmacêuticos) precisam atuar sempre em favor do uso racional dos medicamentos, agindo com independência e bom senso.

▶ *Qual a maneira de promover o uso racional de medicamentos nos hospitais?*

Por intermédio da *padronização de medicamentos*, a farmácia hospitalar pode elencar os itens que atendam ao perfil da unidade e educar os prescritores a adotar a farmacoterapia disponível, dentro dos princípios da eficácia, relação custo-benefício e disponibilidade em estoque.

## Seleção e padronização de medicamentos

Em face da diversidade de especialidades farmacêuticas existentes no mercado brasileiro, muitas das quais estão longe de ser essenciais à nossa realidade e necessidade, exige-se um processo por meio do qual se ordene o estoque da farmácia e a inclusão de novos itens nele. Não há necessidade de a farmácia hospitalar possuir em seus estoques todo o arsenal de medicamentos disponíveis no mercado, até porque, mesmo que reunisse toda a gama de produtos disponíveis, a maior parcela deles nem chegaria a ser utilizada.

Um ponto de partida para que a farmácia hospitalar elabore sua lista padronizada é a Relação de Medicamentos Essenciais da Organização Mundial da Saúde (OMS).

A OMS considera como medicamentos essenciais

> [...] aqueles que servem para atender às necessidades de assistência à saúde da maioria da população, portanto esses produtos devem estar disponíveis em qualquer momento, nas quantidades adequadas e nas formas farmacêuticas requeridas.

Todos os países têm o compromisso de elaborar suas próprias listas de medicamentos essenciais, tomando-se como base a lista da OMS.

Em 1977 somente doze países tinham algo muito próximo de uma lista de medicamentos essenciais. Até o ano 2000, 146 dos 191 países membros da OMS já possuíam sua própria lista.

No Brasil, a relação nacional de medicamentos essenciais se chama Rename, e foi publicada pela Portaria nº 507/99.

Além dos medicamentos essenciais, a padronização de medicamentos de um hospital deve contemplar também os medicamentos genéricos.

Embora sejam comuns em alguns países, no Brasil os medicamentos genéricos foram criados em 1999 e se tornaram, a partir de então, importante alternativa terapêutica e econômica para os hospitais. Sua abrangência é total e traz benefícios para a saúde pública de forma geral.

**MEDICAMENTOS GENÉRICOS NOS ESTADOS UNIDOS**

| |
|---|
| 10% do mercado, em 1992, segundo seu valor |
| 20% do mercado, em 1992, segundo o volume comercializado |
| Proporção de receitas novas dispensadas como genéricos:<br>1990 – 33%<br>1992 – 40%<br>1995 – 65% (estimado) |

Fonte: Uso racional de medicamentos. Sobravime, 2001.

Portanto, a lista de medicamentos essenciais é uma importante referência para uma lista padronizada de medicamentos em um hospital.

## Objetivos da padronização de medicamentos

▶ *Racionalizar as espécies de medicamentos e produtos correlatos necessários para o bom funcionamento do hospital* – é necessário que cada unidade hospitalar possua uma padronização voltada para seu uso comum e interesse, de tal forma que os medicamentos inclusos em seu arsenal terapêutico sejam utilizados com regularidade, cabendo ao hospital adquirir produtos não padronizados somente nos casos em que realmente não houver equivalentes na lista-padrão.

O termo "racionalizar" traz consigo a importância do uso da inteligência (razão) e da preocupação em reduzir os custos.

- *Propiciar o menor emprego de capital na aquisição de medicamentos e produtos correlatos* – com a existência de uma padronização daquilo que se utiliza, a unidade passa a ter condições de controle sobre as compras e o abastecimento pode ser feito com mais precisão.

  Se houver conhecimento dos produtos de uso regular, portanto do padrão, um menor volume de recursos financeiros será mobilizado nas compras de medicamentos e de outros itens padronizados.

- *Facilitar as atividades de armazenamento e controle de medicamentos e correlatos* – o chamado *armazenamento qualitativo e quantitativo* pode acontecer com maior facilidade quando se conhece o produto a ser estocado.

- *Oferecer ao corpo clínico e à enfermagem orientações sobre os medicamentos* – por meio da padronização, a farmácia hospitalar pode prestar informações sobre análogos, equivalentes, similares, genéricos e medicamentos afins.

- *Contribuir para o sucesso da farmacoterapia* – o esquema farmacoterapêutico adotado pelo médico busca o restabelecimento da saúde dos pacientes. Para que ele ocorra conforme o esperado, é importante que haja produtos à altura das necessidades existentes. Por isso a padronização deve atender ao perfil exato de cada hospital.

- *Servir como suporte para um sistema de dispensação eficiente* – não há como se adotar um eficiente sistema de dispensação, seja o da dose unitária, seja o da dose coletiva, sem uma padronização de medicamentos.

Vantagens:
- para o hospital:
  - menor capital empregado;
  - menor quantidade de pessoas envolvidas no controle do estoque;
  - menor quantidade de itens adquiridos;
  - otimização da estrutura de armazenamento;
  - maior agilidade nas aquisições;
  - maior probabilidade de executar boas negociações com fornecedores.

- para a farmácia:
  - agilidade no aviamento das prescrições médicas;
  - facilidade no controle dos estoques;
  - possibilidade de estabelecer protocolos sobre as interações medicamentosas;
  - possibilidade de promover, com maior eficiência, algumas atividades clínicas.

## Etapas para a elaboração da padronização de medicamentos

▶ *1ª etapa: Relacionar os medicamentos* – nessa etapa, a comissão de padronização ou comissão de farmácia e terapêutica faz um levantamento de todos os medicamentos disponíveis. Essa comissão deve traçar uma meta a ser alcançada, no que diz respeito à quantidade de itens da padronização.

Para poder listar todos esses itens, faz-se necessária a participação das chefias médicas de todas as especialidades do hospital.

O farmacêutico hospitalar deve coletar as sugestões emitidas pelas equipes para depois submetê-las à análise.

Por exemplo: a equipe de cardiologia deve padronizar anti-hipertensivos inibidores da enzima conversora da angiotensina (ECA).

Nomes sugeridos: captopril, enalapril, lisinopril, ramipril, fosinopril. É necessária a inclusão de cinco inibidores? A comissão apontará a quantidade necessária, de acordo com os fatores farmacoterapêuticos e farmacoeconômicos.

Outro exemplo: a equipe de anestesiologia deve padronizar bloqueadores neuromusculares.

Nomes sugeridos: suxametônio, pancurônio, propofol, alcurônio, norcurônio.

A padronização precisa ter todos esses bloqueadores?

Os fatores farmacoeconômicos e farmacoterapêuticos também influenciarão na análise.

Em várias outras situações será normal existir um número elevado de opções quando comparadas às necessidades reais.

▶ *2ª Etapa: Organização da comissão de padronização* – a comissão regulamentará as inclusões e exclusões de medicamentos na padronização de medicamentos do hospital. Deverá também atuar de forma dinâmica e com autonomia para intervir quando se fizer necessário.

O presidente da comissão pode ser o farmacêutico; entretanto, é interessante que um de seus membros faça parte da diretoria clínica.

- *3ª etapa: Seleção dos medicamentos* – nessa etapa, a comissão realiza uma triagem dos medicamentos escolhidos na 1a fase. O presidente da comissão recebe as sugestões enviadas pelas chefias médicas e, em seguida, reúne-se com os membros e seleciona as melhores opções. Nesse momento são avaliados quesitos como:
  - custo;
  - eficácia;
  - vantagens terapêuticas;
  - espectro (quando se tratar de antimicrobianos);
  - disponibilidade comercial;
  - existência de similares.
- *4ª etapa: Divulgação da padronização* – após confeccionar a padronização, a comissão deve preocupar-se em estabelecer uma estratégia que divulgue a lista aos profissionais que atuam na rotina hospitalar e destacar o corpo clínico. Dessa forma, além de ser um *memento* de conhecimento dos médicos, a padronização estará ao alcance do corpo de enfermagem, pois são justamente esses profissionais, os enfermeiros, que levarão as informações sobre as opções terapêuticas.

  Os métodos mais utilizados para promoção e incentivo do uso da padronização incluem mini eventos no hospital, reuniões periódicas, vigilância sobre a adesão à padronização, orientações frequentes da farmácia hospitalar e outros recursos.

  A padronização de medicamentos pode ser apresentada sob diversos formatos: livretos, pastas, arquivos eletrônicos (informatizados), etc. O mais importante é que a padronização de medicamentos esteja disposta de forma a facilitar a sua consulta, conforme é sugerido a seguir:
  - classificação pelo nome dos princípios ativos;
  - classificação pelas classes farmacológicas;
  - classificação das formas farmacêuticas.

  A padronização deve ser revista periodicamente pela comissão, que deve avaliar as opções oferecidas pelo mercado (lançamentos) e estudar possíveis exclusões. Geralmente, quando for inserir algum produto em uma padronização já formulada, o ideal é procurar excluir outro medicamento, a fim de evitar o inchaço da padronização.

## Componentes da seleção e padronização de medicamentos

- Conscientização da equipe de saúde através de reuniões, boletins informativos e outras estratégias educativas.

- Criação da CFT (Comissão de Farmácia e Terapêutica).
- Levantamento do perfil epidemiológico da unidade hospitalar ou serviço de saúde.
- Análise da infraestrutura de tratamento existente no hospital quanto às condições técnicas e financeiras.
- Análise do padrão de utilização de medicamentos.
- Definição dos critérios de seleção a serem adotados.
- Seleção dos medicamentos, obedecendo a critérios farmacoeconômicos e epidemiológicos.
- Edição e divulgação da padronização.
- Atualização periódica da padronização (anualmente).

## CRITÉRIOS DE SELEÇÃO DE MEDICAMENTOS

| | |
|---|---|
| Passo I | • Seleção de medicamentos com níveis elevados de evidência, eficácia e segurança clínica.<br>• Escolher entre medicamentos da mesma indicação e eficácia aquele que ofereça mais segurança.<br>• Avaliar os melhores esquemas posológicos dos medicamentos em análise (intervalos, via de administração, incompatibilidades).<br>• Padronizar medicamentos que possuam informações sobre biodisponibilidade, parâmetros farmacocinéticos e demais estudos. |
| Passo II | • Escolher, se possível, entre os medicamentos com o mesmo mecanismo de ação, aquele que possua característica farmacológica que tenha maior vantagem no uso terapêutico.<br>• Evitar a inclusão de associações, exceto quando justificáveis tecnicamente, e o efeito terapêutico da associação for maior do que a soma dos efeitos dos produtos individuais.<br>• Preferir especialidades farmacêuticas com maior possibilidade de fracionamento. |
| Passo III | • Padronizar medicamentos encontrados no Rename (Relação Nacional de Medicamentos Essenciais) Brasil.<br>• Selecionar antibióticos desde que estejam em acordo com a CCIH do hospital.<br>• Padronizar medicamentos pelo nome do princípio ativo adotando a DCB. |

# 8 Dispensação de medicamentos pela farmácia hospitalar

A dispensação é a maneira pela qual a farmácia envia os medicamentos aos pacientes, mediante análise prévia das prescrições médicas, procurando sempre oferecer informações sobre a melhor utilização e o preparo das doses que serão administradas.

No balcão de uma farmácia pública, a entrega do medicamento ao cliente, após leitura da receita, configura-se como o ato de dispensar o medicamento. Da mesma forma, em um hospital, as prescrições médicas geradas pelos atendimentos aos pacientes são recebidas na farmácia, analisadas pelo farmacêutico, separadas, conferidas e enviadas para uso. Isso tudo sempre seguindo criteriosamente uma ordem médica (prescrição).

As prescrições ou receituários médicos são documentos que contêm os dados do paciente (nome, idade, diagnóstico, etc.), a evolução médica, prescrição de medicamentos, informações e resultados sobre exames, evolução da enfermagem, etc. As prescrições são, portanto, documentos oficiais que formalizam o pedido de medicamentos para a farmácia, ou seja, a dispensação.

Para que se possa garantir racionalização na distribuição e no uso de medicamentos, redução de gastos, diminuição dos erros de administração de medicamentos e eficiente colaboração na conduta terapêutica adotada pelo médico, deve-se ter no hospital um sistema de distribuição de medicamentos que atenda a esses requisitos de forma clara e objetiva.

É importante deixar claro que a escolha do tipo de dispensação deve se adequar ao perfil do hospital. Portanto, por maiores que possam ser as vantagens apresentadas por qualquer um dos sistemas, é necessário o planejamento para sua implantação. Como não existe regra para implantar um sistema de dispensação, deve-se avaliar alguns critérios, tais como:

- *corpo clínico* – deve ser do tipo aberto ou fechado? Se for fechado, menores dificuldades serão enfrentadas.
- *estrutura do hospital* – a instituição está preparada para um sistema de dispensação que exija alto grau de eficiência?

- *estrutura da farmácia* – observar recursos humanos e disposição física da farmácia (*layout*).
- *características econômicas* – investimento.

## Objetivos

A Organização Pan-americana de Saúde (Opas) indica os seguintes objetivos para um sistema racional de distribuição de medicamentos:
- *diminuir erros de medicação* – é bom que se diga: mesmo com um sistema eficiente e seguro de dispensação de medicamentos, os erros de administração, embora em número muito menor, não deixarão de ocorrer.

  Uma das metas que se espera atingir com a adoção de um sistema com alto grau de eficiência é justamente a redução das possibilidades de o medicamento ser dispensado de forma equivocada. A dispensação envolve não somente a farmácia, mas também o médico que prescreve e a enfermagem que administra.
- *racionalizar a distribuição e a administração de medicamentos* – *por meio* de um sistema de dispensação bem planejado, a farmácia pode oferecer condições para uma prescrição racional, propiciando melhor qualidade à farmacoterapia adotada.

  Do ponto de vista terapêutico, vantagens também podem ser observadas.
- *aumentar o controle sobre os medicamentos, acesso do farmacêutico às informações sobre o paciente* – independentemente do sistema de dispensação adotado, é primordial que o farmacêutico consiga enxergar "por inteiro" a prescrição gerada pelo médico. Assim será possível adotar estratégias para um bom atendimento ao paciente.
- *diminuir os custos com medicamentos* – a dose unitária ou a dose individualizada exigem da farmácia o fracionamento/unitarização de medicamentos. Somente com esses procedimentos, benefícios econômicos serão constatados já em curto prazo. Além disso, a padronização de medicamentos, requisito indispensável, promove a redução dos custos de aquisição, uma das suas principais vantagens.
- *aumentar a segurança para o paciente* – a eficiência de um sistema de dispensação traz consigo a meta de que o medicamento chegue corretamente ao paciente. Oferecer um medicamento em seu horário preconizado, na forma farmacêutica correta, é algo que deve acontecer sempre. Se a farmácia conquista tal credibilidade, ela acaba se estendendo aos clientes indiretos (enfermagem e corpo clínico), propiciando resultados positivos que, de maneira automática, atingirão os pacientes.

No caso da dose unitária e da dose individualizada, sistemas que se baseiam no fornecimento seguindo uma prescrição médica, a farmácia já passa a ter condições de desenvolver alguma atividade clínica.

## Organização dos sistemas de dispensação

A farmácia hospitalar deve estar preparada para realizar, com eficiência, qualquer um dos três sistemas de dispensação conhecidos. A dose coletiva não exige infraestrutura tão apurada como a dose unitária, mesmo assim, alguns requisitos mínimos serão exigidos. É fácil concluir que não bastam processos tecnologicamente avançados, se a farmácia não estiver estruturalmente habilitada para exercê-los.

Assim, existem alguns quesitos obrigatórios para a sustentação de qualquer sistema de dispensação.

▶ *Horários de administração dos medicamentos* – seja qual for a posologia adotada na farmacoterapia, deve haver uniformidade na aplicação dos horários. Geralmente, o corpo de enfermagem, por intermédio de auxiliares da própria enfermeira ou de algum funcionário administrativo alocado no setor, como um escriturário, encarrega-se de anotar os horários. Sua colocação na prescrição médica é ponto de grande importância. Uma simples falha ou descumprimento pode resultar em danos ao restabelecimento do paciente.

Vejamos alguns exemplos:

| Intervalo | Horários-padrão |
|---|---|
| de 6 em 6 horas (ou 4 vezes ao dia) | 18 horas  24 horas  06 horas  12 horas |
| de 12 em 12 horas (ou 2 vezes ao dia) | 22 horas  10 horas |
| de 8 em 8 horas (ou 3 vezes ao dia) | 22 horas  06 horas  14 horas |
| de 4 em 4 horas (ou 6 vezes ao dia) | 18 horas  22 horas  02 horas  06 horas  10 horas  14 horas |
| tomar nas refeições (almoço e jantar) | 12 horas  18 horas |
| tomar à noite (1 vez ao dia) | 22 horas |

Alguns hospitais brasileiros possuem sistema informatizado para gestão hospitalar, em que se destacam as prescrições eletrônicas: o médico prescreve para o paciente internado e o sistema gera horários automaticamente. No entanto, seja com um sistema informatizado, seja de forma manual, é importante a adoção dos *kits* de procedimento para otimizar a baixa de itens utilizados e gerar economia de tempo para a enfermagem.

▶ *Preparo e amarração dos kits de procedimento* – a tendência observada em boa parte das farmácias hospitalares é a de que elas distribuem também os principais materiais médico-hospitalares. Ao adotar esse procedimento, vão junto do medicamento injetável uma agulha para aspiração e outra para aplicação, além da seringa. Isso sem contar as vantagens relacionadas à economia de pessoal envolvido na distribuição, facilidade para a baixa dos itens dispensados e otimização do trabalho da enfermagem.

O recurso de utilização dos *kits* vai além dos medicamentos. Pode ser usado também para os procedimentos de rotina executados pela enfermagem. Por exemplo: *kit* punção, *kit* passagem de sonda.

A seguir alguns exemplos de *kit* de medicamentos e de procedimentos:

▶ Kit *sonda vesical de alívio:*
- 1 sonda uretral (número a critério);
- 1 lidocaína geleia (tubo fechado);
- 1 agulha 40 × 16;
- 1 luva estéril.

▶ Kit *lavagem vesical:*
- 1 seringa de 60ml;
- 1 soro fisiológico de 125ml;
- 1 luva estéril.

▶ Kit *irrigação vesical:*
- 10 frascos de soro fisiológico 0,9% 1.000ml;
- 10 luvas estéreis;
- 1 equipo para irrigação;
- 1 seringa de 50ml.

▶ Kit *lavagem gástrica:*
- 1 sonda nasogástrica (número a critério);
- 1 soro fisiológico 0,9% 1.000ml (se pediatria, 250ml a 500ml);
- 1 equipo de soro;
- 1 lidocaína geleia;
- 1 seringa de 20ml;
- 1 luva estéril;
- 1 coletor urofix.

- Kit *medicamento injetável intramuscular (IM)*:
  - 1 seringa de 10ml;
  - 1 ampola de água destilada (depende do volume a ser administrado);
  - 1 agulha 40 × 12;
  - 1 agulha 30 × 7.
- Kit *medicamento injetável endovenoso (EV) (infundir em soro)*:
  - 1 seringa de 10 ou 20ml;
  - 1 ampola de água destilada (depende do volume aser administrado);
  - 1 agulha 40 × 12.
- *Espaço físico* – podemos subdividir a disposição interna da farmácia da seguinte maneira:
  - área de estocagem – localização dos medicamentos armazenados. Caso existam produtos fracionados ou unitarizados, maiores cuidados devem ser tomados, pois a estabilidade desses medicamentos pode estar reduzida.
    Na farmácia hospitalar, os medicamentos ficam dispostos em compartimentos de fácil manuseio, geralmente em *escaninhos* ou *bins*, o que otimiza o tempo do atendimento/dispensação.
  - área da dispensação – as bancadas de triagem, separação, conferência e baixa dos medicamentos determinam ser aquele espaço, o local de dispensação, não sendo, necessariamente, uma sala de dispensação. Mas na dose coletiva, esse espaço tende a ser menor quando comparado com a dose unitária.
  - quadro funcional – conforme já foi dito anteriormente, a qualificação dos profissionais envolvidos na dispensação é de suma importância. No Brasil há um déficit em relação à quantidade e qualidade desses profissionais. Algumas poucas instituições, destacando-se entre elas o Serviço Nacional de Aprendizagem Comercial (Senac), preocupam-se em formar esses profissionais, dito secundários, mas extremamente importantes.

Em países como Estados Unidos e França, para poder exercer as funções de auxiliar de farmácia, o profissional necessita concluir curso específico com duração de cinco anos.

Na França, para que o farmacêutico possa exercer atividades hospitalares, ele precisa, após a conclusão da graduação, frequentar por quatro anos uma especialização em nível de residência. Em seguida, deve prestar prova de aptidão.

No Brasil, no início dos anos 1980, mais precisamente em 1982, houve um movimento coordenado pelo Ministério da Educação e Cultura

(MEC) que incentivava a formação de cursos voltados para a área de farmácia hospitalar. Porém, obteve pouco sucesso.

Somente de 1996 para cá é que se percebeu um afluxo maior de profissionais com formação em nível de especialização no mercado, fruto de vários cursos criados. No caso da graduação especificamente, muitas faculdades sequer apresentam a disciplina de farmácia hospitalar.

Voltando à execução da dispensação de medicamentos para a estruturação do quadro funcional da farmácia, é preciso que exista uma distribuição racional do horário de cada colaborador. Vejamos um exemplo:

Hospital com duzentos leitos:
- quadro de pessoal da farmácia: 24 funcionários (total);
- número de funcionários nas farmácias satélites: seis auxiliares de farmácia (pronto-socorro e centro cirúrgico);
- número de funcionários na farmácia central: dezoito (dispensação), sendo:
  - três auxiliares de farmácia 12 por 36 horas nos dias pares;
  - três auxiliares de farmácia 12 por 36 horas nos dias ímpares;
  - cinco auxiliares de farmácia 8 horas por dia;
  - um folguista;
  - dois digitadores;
  - dois mensageiros;
  - dois farmacêuticos.

O farmacêutico-chefe deve elaborar a escala mensal sempre atento a essa disposição, pois um simples descuido em um plantão pode significar grande risco para a área de dispensação.

Existe um cálculo de produtividade para cada auxiliar de farmácia que aponta o rendimento do seu trabalho. Ele é baseado no número de prescrições recebidas *versus* prescrições separadas com acerto. Essa verificação do acerto ocorre desde que exista conferência farmacêutica.

A SBRAFH (Sociedade Brasileira de Farmácia Hospitalar) definiu em 2007 seus "Padrões mínimos para farmácia hospitalar e serviços de saúde", este sugere o número de farmacêuticos:
- atividades básicas de dispensação: 1 farmacêutico para cada 50 leitos;
- manipulação de NPT: 1 farmacêutico para cada 100 leitos;
- manipulação de antineoplásicos: 1 farmacêutico para cada 50 leitos;
- manipulação de outras misturas intravenosas: 1 farmacêutico para cada 50 leitos;
- manipulação magistral e oficinal: 1 farmacêutico para cada 250 leitos;
- farmácia ambulatorial (gerenciamento, dispensação e controles): 1 farmacêutico para cada 3000 pacientes atendidos;

- fracionamento: 1 farmacêutico para cada 250 leitos;
- farmácia em centro cirúrgico: 1 farmacêutico por turno.

## Uniformidade dos procedimentos

Um sistema de dispensação precisa ser executado de forma homogênea pelos profissionais envolvidos. Tudo, desde a geração da prescrição médica até a entrega dos medicamentos ao doente, deve transcorrer sem que haja necessidade de utilizar subjetivismos.

A descrição de procedimentos e fluxos operacionais de serviço pode, contudo, ser realizada por meio de fluxogramas, que têm como principal vantagem demonstrar graficamente a sequência de operações que concretizarão um serviço.

Veja, na página seguinte, um exemplo de fluxograma.

Se qualquer um desses passos for descumprido ou realizado com deficiência, poderão ocorrer desvios que trarão problemas para o procedimento ou até mesmo para o paciente.

De nada adianta a farmácia executar a triagem, separação e conferência dos medicamentos se as prescrições médicas não forem liberadas no horário preconizado. Da mesma forma, se as prescrições são liberadas no horário certo, mas existem deficiências na separação realizada pela farmácia, muitos problemas poderão ocorrer.

Os fluxogramas fazem parte do manual de procedimentos, espécie de protocolo que registra todas as operações exercidas por um serviço.

**Fluxograma – Dose unitária**

## Tipos de sistemas de dispensação

Nos últimos anos, os sistemas de dispensação evoluíram. Atualmente a tendência é de que o medicamento chegue ao paciente de forma íntegra, individual e personalizada, apresentado de maneira a proporcionar otimização do tempo da enfermagem. O mais importante é que exista segurança para quem administra e para quem recebe o medicamento.

Já o hospital preocupa-se em oferecer somente aquilo que é prescrito, sem que para isso se faça necessário montar um estoque próximo ao paciente, na enfermaria, ou enviar toda a caixa do medicamento para que lá seja feita a dispensação. Também é preciso obter controle do medicamento: identificar o que deve ser enviado e para quem será administrado.

As instituições hospitalares, públicas e privadas, precisam agir com perfeição na cobrança do medicamento enviado, pois sabem que se existir inconformidades no faturamento sofrerão glosas dos convênios ou das auditorias internas.

MÉDICO → ENFERMAGEM → PACIENTE
(prescrição de 1 comprimido)   (administração de 1 comprimido)

Os tipos de sistema de dispensação mais conhecidos e utilizados atualmente são:
- dose coletiva;
- dose individualizada;
- dose unitária.

### Dose coletiva

O sistema coletivo também é conhecido como estoque descentralizado. Recebe essa denominação porque a farmácia realiza o fornecimento de um pedido feito em nome da unidade solicitante e não em nome do paciente. Se, por exemplo, uma unidade de internação possui 45 leitos, a enfermagem fará um pedido único em nome de 45 pacientes, em vez de pedir para cada doente.

A dose coletiva preconiza o envio para um setor, de forma não individualizada, mas exige que a enfermagem, no recebimento ou no momento do uso, identifique os itens referentes a cada paciente.
- Objetivos:
  - enviar medicamentos para atendimento dos solicitantes;
  - executar as requisições recebidas;
  - controlar o estoque para geração de compras.

Na dose coletiva, a farmácia não precisa de esclarecimento, pois dúvidas praticamente inexistem. Da mesma forma que não há como realizar de maneira precisa o acompanhamento da utilização e a posologia dos medicamentos.

Embora seja um sistema ultrapassado, a dose coletiva apresenta algumas vantagens:
- registro das movimentações de saída – fácil e rápido;
- número de funcionários reduzido;
- horário de funcionamento – não necessita funcionar 24 horas;
- aviamento rápido.

Apresenta também algumas desvantagens:
- descentralização desordenada dos estoques;
- controle deficiente dos estoques;
- perdas por desvios, validade e armazenamento incorreto;
- não há garantia de qualidade;
- ocasiona desvio das atividades dos profissionais de enfermagem;
- a farmácia não participa diretamente da dispensação ao paciente.

Os medicamentos dispensados sob a forma coletiva chegam à farmácia em recipientes próprios (caixas) ou mesmo em cestas e sacos plásticos. Geralmente a farmácia funciona durante o dia e permanece fechada à noite. Dessa forma, a enfermagem, na troca de plantão, é obrigada a abastecer as enfermarias e se prevenir de prováveis faltas.

Obviamente, muitos itens acabam faltando durante o plantão, o que obriga a enfermagem a retirar os produtos na farmácia.

### Dose individualizada

Se comparada à dose coletiva, a grande diferença é que, nesse sistema, a dispensação é feita em nome do paciente por meio de prescrição médica, embora sem esquema posológico rígido. É considerada também um pré-requisito para a dose unitária, pois a farmácia, além de participar de maneira ativa da dispensação, sabe quais medicamentos cada paciente receberá.

- Objetivos:
  - enviar medicamentos para atendimento dos solicitantes;
  - executar as prescrições individualizadas recebidas;
  - atuar no corpo clínico para esclarecer as apresentações, interações, incompatibilidades, posologia, etc.;
  - proporcionar segurança à farmacoterapia adotada. As vantagens observadas resumem-se nas seguintes:

- evita descentralização desordenada dos estoques;
- otimização do estoque;
- garantia de controle do armazenamento dos medicamentos;
- inserção da farmácia na equipe multiprofissional (enfermagem e corpo clínico);
- menor quantidade de desvios e perdas;
- menor número de erros de transcrição e de administração de medicamentos.

As desvantagens desse sistema dizem respeito à estrutura necessária para o seu funcionamento, que são as seguintes:
- custo de implantação do projeto, incluindo equipamento e funcionários;
- as atividades da enfermagem permanecem desviadas para a dispensação.

A dose individualizada, em muitas situações, configura-se uma ótima opção, pois dispensa até mesmo a dose unitária. Nesse caso, é importante que a transição para a dose unitária inclua o sistema individualizado, pois é necessário um período de aculturamento até se chegar no sistema unitário.

Ainda sobre a dose individualizada, devemos destacar que a transcrição das prescrições é um fator de risco que coloca em perigo toda a dispensação. Um exemplo: é muito comum, nos hospitais, um funcionário administrativo da enfermagem incumbir-se dessa tarefa. Com isso – ao transcrever um medicamento prescrito –, corre-se o risco de equívocos no nome ou na dosagem. Dificilmente a farmácia terá como perceber e corrigir esse tipo de engano.

## Dose unitária – Sistema de Distribuição de Medicamentos por Dose Unitária (SDMDU)

A dispensação na dose unitária é feita em nome do paciente e segue uma prescrição médica com horários preestabelecidos a cada 24 horas. Os principais itens que diferem a dose unitária dos outros sistemas são:
- medicamentos acondicionados em embalagens unitárias;
- disposição dos medicamentos por horários;
- medicamentos prontos para serem administrados.

Dose unitária: "Dispensar o medicamento certo, ao paciente certo, na hora certa, seguindo uma prescrição médica".[20]

---

[20] Julio Fernandes Maia Neto, *Farmácia hospitalar: um enfoque sistêmico* (Brasília: Thesaurus, 1995), p. 123.

O modelo *standard* da dose unitária convenciona a dispensação em intervalos de 24 horas, entretanto, em certos hospitais brasileiros ocorre algumas pequenas modificações e adequações do modelo original. Dessa forma, uma prescrição pode ser fracionada, por exemplo, em três blocos de 8 horas cada, conforme exemplo abaixo:

| Turnos | Divisão do período em 24 horas |
|---|---|
| Primeiro turno | 16 horas  18 horas |
| Segundo turno | 20 horas  22 horas  24 horas  02 horas  04 horas  06 horas |
| Terceiro turno | 08 horas  10 horas  12 horas  14 horas |

As vantagens da divisão por turnos são:
- menor número de devoluções, pois há como a farmácia evitar a dispensação para pacientes "de alta" ou com medicações modificadas;
- otimização dos recursos humanos da farmácia;
- possibilitar que cada plantão da enfermagem confira os medicamentos do seu turno.

A dose unitária apresenta os seguintes principais objetivos:
- oferecer segurança à farmacoterapia adotada;
- reduzir erros de administração de medicamentos;
- reduzir estoques intermediários e aumentar o controle sobre eles;
- oferecer medicamentos nas doses indicadas de forma organizada e higiênica;
- permitir maior contato da farmácia com o corpo clínico e com a enfermagem;
- trazer economia para o hospital. Suas vantagens são:
- segurança no tratamento;
- segurança para os profissionais envolvidos no tratamento;
- maior controle da administração do medicamento;
- possibilidade de acompanhamento do tratamento médico;
- redução dos estoques intermediários;
- controle de estoque de forma geral;
- redução dos erros de administração de medicamentos;
- otimização das devoluções dos medicamentos à farmácia;
- redução do custo final;
- maior disponibilidade de tempo para a enfermagem;
- integração do farmacêutico com a equipe multiprofissional.

Mesmo com essas vantagens, todas elas inquestionáveis, a dose unitária apresenta alguns obstáculos para sua implantação, tais como:
- custo da implantação (área, equipamentos, embalagens, tecnologia);
- tempo para treinamento dos colaboradores.

Alguns autores relacionam os obstáculos expostos como desvantagens, mas, na verdade, podemos considerá-los como requisitos para a implantação e a manutenção da dose unitária. Se possuem custos elevados, também é verdade que são facilmente recuperados em médio ou longo prazo, desde que todo o processo de dispensação ffuncione como planejado.

Portanto, investir na dose unitária é trazer dividendos financeiros e melhorar de maneira inquestionável a qualidade dos serviços.

- *Notas importantes:*
    - dose unitária é diferente da *unitarização* de medicamentos. A unitarização e/ou fracionamento é o processo pelo qual se transforma o produto contido em sua embalagem original na forma e dosagem pronta para ser administrada ao paciente. O processo de unitarização é um dos elementos da dose unitária. Entretanto, um produto unitarizado não necessita ser dispensado exclusivamente por dose unitária.
    - as embalagens dos medicamentos a serem dispensados por dose unitária devem conter:
        - nome do paciente;
        - data da dose;
        - número do leito;
        - convênio (em alguns casos);
        - código de barra (se possível).

A indústria farmacêutica brasileira produz pouquíssima quantidade de medicamentos em embalagens unitárias, o que força as farmácias hospitalares a realizar esse procedimento de forma ininterrupta. Com isso agrega custos e gera riscos de quebra da qualidade do produto original.

No Brasil a RDC Anvisa nº 67/2007 fixou as chamadas boas práticas de manipulação de preparações magistrais e oficinais para uso humano em farmácias, incluindo as hospitalares. Questões como a estabilidade dos medicamentos fracionados foram definidas com essa publicação, que foi de grande importância para a organização do fracionamento.

Se houver planejamento e organização, o fracionamento tende a ser executado e encarado como uma atividade rotineira. Mas não há dúvida de que, à medida que os fabricantes forem modificando as formas de apresentação dos medicamentos, das atuais para as fracionadas, os benefícios obtidos serão rapidamente contabilizados. Deve-se evitar o envio dos medicamentos em embalagens do tipo "tiras" de plástico, algo que ainda é praticado em determinados hospitais brasileiros. Além de serem antiquadas, as tiras para 24 horas oneram demais o serviço e contribuem para a formação de subestoques originados pelas devoluções não realizadas.

Os medicamentos podem ser enviados nas embalagens plásticas unitárias (não as tiras), o que facilita sua troca em caso de suspensão, alteração de dose ou posologia, bem como possibilita acréscimo de medicamentos que vierem a ser prescritos.

- a etiqueta do medicamento unitarizado deve conter o nome do produto, lote, validade, princípio ativo e código de barra (bidimensional), permitindo sua rasteabilidade.
- fluxos de dispensação por dose unitária:
  - Sistema tradicional (mecânico):
    – médico prescreve;
    – enfermagem coloca horários;
    – farmácia recolhe prescrições;
    – retira segunda via carbonada ou xerocada;
    – triagem farmacêutica;
    – separação de medicamentos/conferência;
    – entrega e conferência (enfermagem);
    – devoluções.
  - Sistema eletrônico (informatizado):
    – médico prescreve no sistema (computador);
    – sistema parametrizado coloca horários, cruza informações, rastreia dados;
    – farmácia recebe prescrição informatizada via impressora;
    – análise farmacêutica;
    – separação e baixa imediata por código de barras;
    – conferência farmacêutica;
    – entrega e conferência dos medicamentos recebidos;
    – devoluções feitas no sistema e criação imediata de saldo na conta do paciente.

# Relacionamento multiprofissional 9

A farmácia hospitalar é um departamento que faz interface com variados setores do hospital. dministrativas, clínicas e técnicas. O farmacêutico hospitalar deve estar preparado para esse relacionamento frequente e importante.

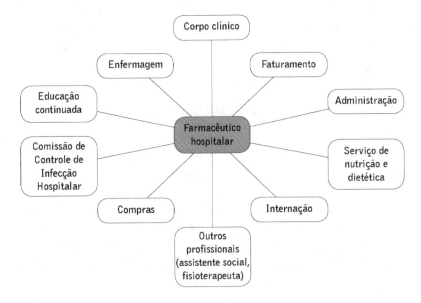

Cada um desses departamentos tem, com a farmácia hospitalar, variados graus de relacionamento e, em alguns casos, interdependência.

Para que possa cumprir com as atribuições pertinentes e manter o maior estreitamento possível entre as áreas envolvidas, a farmácia hospitalar, por intermédio do farmacêutico e de toda a sua equipe, precisa se pautar sempre em três quesitos:
▶ conhecimento, por meio da qualidade e precisão das informações;
▶ eficiência dos serviços;
▶ bom relacionamento interpessoal.

Portanto, não basta que a farmácia possua uma estrutura adequada, do ponto de vista operacional e tecnológico, se as relações de seus profissionais com os outros departamentos forem estremecidas.

## Relação com a enfermagem: sintonia e diplomacia

A enfermagem, pela sua vocação assistencialista, está intimamente ligada ao paciente: é o elo entre ele e o médico. É dela grande parte da responsabilidade acerca do restabelecimento e da saúde do paciente. São comuns as situações em que a farmácia e a enfermagem se defrontam com problemas sobre provisão de medicamentos e outras questões referentes ao atendimento de prescrições médicas; mas em primeiro lugar deve estar o objetivo de suprir a necessidade do paciente. Depois, sim, verificar com o cliente (enfermagem) o que se pode fazer para corrigir aquela falha ou problema. Lembre-se de que a enfermagem é o cliente mais assíduo da farmácia, e um dos mais importantes.

## Relacionamento com o corpo clínico (médicos)

Se, com a enfermagem, o relacionamento se pautar na qualidade do atendimento, não será diferente com o corpo clínico, mas, nesse caso, há mais um tópico de suma importância: o conhecimento técnico.

É importante que exista, por parte do farmacêutico, embasamento total nas informações por ele prestadas, para que haja credibilidade e efetiva contribuição na prestação do serviço médico. O farmacêutico precisa amparar-se em referências como livros, mementos, boletins, publicações, periódicos, etc., pois toda e qualquer informação prestada deve sempre ser legitimada.

A bibliografia básica indicada para uma farmácia hospitalar deve abordar os seguintes temas:

- farmacopeia brasileira;
- farmacologia clínica;
- interações medicamentosas;
- manual de terapêutica médica;
- dicionário de terminologia médica;
- manual de antibióticos;
- guia de estabilidade de injetáveis;
- manual sobre infecção hospitalar;
- dicionários de especialidades farmacêuticas;
- legislação farmacêutica (código sanitário, principais publicações);
- relação nacional de medicamentos essenciais (Rename).

## Relacionamento com a administração superior

O farmacêutico hospitalar deve incorporar a filosofia da empresa, conhecer seus valores, sua missão, seus objetivos, enfim, todos os propósitos, e alinhar-se com eles. Sem contar que precisa se envolver e conhecer profundamente as questões econômicas e administrativas que diariamente tomam conta do hospital.

A seguir, alguns tópicos de interesse:
- situação econômica da empresa – resultados apurados (despesas e receitas);
- sinistralidade (no caso dos hospitais de convênio);
- pesquisas de satisfação do público;
- taxa de ocupação e demais indicadores hospitalares;
- custos hospitalares.

Para o sucesso das ações empreendidas pela farmácia, a proximidade com a administração superior é vital. Conhecer o "negócio farmácia" é requisito indispensável ao gestor hospitalar moderno. A farmácia é um dos poucos setores dentro de um hospital capazes de promover aumento da rentabilidade, redução dos custos e expressivo retorno do capital investido. Quando Drucker[21] se referiu ao hospital como o mais complexo serviço, certamente fez menção indireta à gestão dos recursos materiais como elemento central no atendimento, com impacto na prestação dos serviços de saúde.

## Relacionamento institucional

É necessário que o farmacêutico hospitalar esteja apto a administrar, controlar e dispensar, de forma organizada, o insumo de maior importância do hospital: o medicamento. Deve promover o uso racional desses produtos, assumir posição de destaque no fornecimento de informações sobre as drogas, atuar nas comissões hospitalares e ser eficiente colaborador da farmacoterapia adotada pelos médicos. Do ponto de vista institucional e legal, as relações entre farmácia hospitalar e os outros setores (profissionais) podem acontecer por intermédio das comissões hospitalares.

## Comissões hospitalares

### Comissão de Controle de Infecção Hospitalar (CCIH)

A preocupação com as infecções hospitalares torna-se crescente a cada dia. Pacientes admitidos com um diagnóstico inicial se veem, em um

---
[21] P. F. Drucker, *The New Realities* (Nova York: Harper & Row, 1993).

curto período de tempo, acometidos de patologias infecciosas secundárias. Isso acontece porque ficaram expostos à ação de agentes etiológicos ou por causa da utilização inadequada de antimicrobianos. Infecção hospitalar (IH) é qualquer contaminação adquirida por um paciente após dar "entrada" em um hospital – e que se manifesta durante o período em que estiver internado – ou após a alta – quando a infecção puder ser relacionada com a hospitalização (procedimentos).

Portanto, a IH caracteriza-se fundamentalmente pela sua aquisição relacionada à internação ou a procedimentos hospitalares.

Infecção comunitária é aquela constatada em incubação no ato de admissão do paciente, desde que não relacionada com internação anterior no mesmo hospital ou serviço.

Alguns pontos importantes no diagnóstico de uma IH:
- quando, na mesma topografia em que foi diagnosticada infecção ccomunitária, for isolado um germe diferente, seguido do agravamento das condições clínicas do paciente, o caso deverá ser considerado infecção hospitalar;
- quando se desconhecer o período de incubação do microrganismo e não houver evidência clínica e/ou dado laboratorial de infecção no momento da internação, convenciona-se infecção hospitalar toda manifestação clínica de infecção que se apresentar a partir de 72 (setenta e duas) horas após a admissão;
- são também convencionadas infecções hospitalares aquelas manifestadas antes de 72 (setenta e duas) horas da internação, quando associadas a procedimentos diagnósticos e/ou terapêuticas realizados durante esse período;
- as infecções no recém-nascido são hospitalares, com exceção das transmitidas de forma transplacentária e daquelas associadas à bolsa rota superior a 24 (vinte e quatro) horas;
- os pacientes provenientes de outro hospital que se internam com infecção são considerados portadores de infecção hospitalar do hospital de origem da infecção. Nestes casos, a Coordenação Estadual/Distrital/Municipal e/ou o hospital de origem deverão ser informados para computar o episódio como infecção hospitalar naquele hospital.

De forma genérica, as infecções hospitalares devem levar em consideração três fatores:
- *local* – incluem cateterismo vesical, feridas cirúrgicas, cateteres intravasculares, intubações respiratórias e outros procedimentos invasivos.

- *geral* – são aqueles que exercem maior influência no processo infeccioso, tais como deficiências no sistema imunológico, granulocitopenia e cirrose hepática.
- *tempo* – com relação ao fator tempo, sabe-se que quanto menor for o período de manuseio do instrumental no paciente, menores as chances de se adquirir uma infecção oportunista.

O assunto infecção hospitalar traz à tona a discussão sobre as condutas médicas, o uso correto de antimicrobianos, a higienização de ambientes, de materiais e outras questões.

> A lavagem das mãos é a fricção manual vigorosa de toda a superfície das mãos e punhos utilizando-se sabão/detergente, seguida de enxagueA bundante em água corrente. Ela constitui, isoladamente, a medida mais importante para a prevenção e controle das infecções hospitalares – uma ação simples, barata e efetiva.

A infecção urinária, especificamente, é uma das que ocorre com maior frequência (30% a 40% dos casos), seguida da ferida cirúrgica e da infecção respiratória.

A seguir, alguns dados estatísticos:
- a unidade de terapia intensiva (UTI) representa de 9% a 24% dos casos de infecção hospitalar;
- nos Estados Unidos a infecção hospitalar acomete cerca de 2 milhões de pessoas anualmente; desse total, cerca de 58 mil pessoas morrem de infecção (6% de pneumonia);
- nos Estados Unidos o custo das infecções hospitalares chega a US$ 400/dia (US$ 4 milhões/ano).

Para que a infecção hospitalar seja evitada, deve-se formar uma comissão que fique atenta a esse problema. De acordo com a Portaria nº 2.616/1998,[22] essa comissão deve ser composta dos seguintes representantes:
- serviço médico;
- serviço de enfermagem;
- serviço de farmácia;
- laboratório de microbiologia;
- representante da administração.

As funções mais importantes da CCIH são elaborar, implementar, manter e avaliar o programa de controle de infecção hospitalar, que deve

---
[22] Ministério da Saúde, 12 de maio de 1998.

estar adequado às características e necessidades da instituição e contemplar, no mínimo, ações relativas a:
- implantação de um Sistema de Vigilância Epidemiológica das Infecções Hospitalares. É necessário fazer uma avaliação, periódica e sistemática, das informações providas por este sistema e aprovar as medidas de controle propostas pelos membros executores da CCIH. Além disso, também é preciso realizar a investigação epidemiológica de casos e surtos, sempre que indicado, e implantar medidas imediatas de controle;
- elaboração, implementação, adequação e supervisão da aplicação de normas e rotinas técnico-operacionais, visando prevenir, controlar e tratar as infecções hospitalares, bem como limitar a disseminação de agentes presentes nas infecções em curso no hospital, por meio de medidas de precaução e de isolamento;
- definição, em cooperação com a Comissão de Farmácia e Terapêutica, da política de utilização de antimicrobianos, germicidas e materiais médico-hospitalares para a instituição. Também é preciso assegurar o uso racional desses materiais;
- capacitação do quadro de funcionários e profissionais da instituição no que diz respeito à prevenção e controle das infecções hospitalares, cooperando com o setor de treinamento ou se responsabilizando por ele;
- elaboração e divulgação regular de relatórios, comunicando a autoridade máxima da instituição e as chefias de todos os setores do hospital a respeito da situação do controle das infecções hospitalares e promovendo um amplo debate sobre o assunto na comunidade hospitalar. Também é necessário elaborar o regimento interno para a Comissão de Controle de Infecção Hospitalar;
- Na ausência de um núcleo de epidemiologia, é necessário notificar ao organismo de gestão do SUS os casos e surtos diagnosticados ou suspeitos de outras doenças sob vigilância epidemiológica (notificação compulsória), atendidos em qualquer dos serviços ou unidades do hospital, e atuar cooperativamente com os serviços de saúde coletiva.

As responsabilidades do hospital quanto à CCIH são:
- constituir formalmente a CCIH e propiciar infraestrutura necessária à sua correta operacionalização;
- nomear os componentes da CCIH por meio de ato próprio;
- garantir a participação do presidente da CCIH nos órgãos colegiados deliberativos e formuladores de política da instituição, como os conselhos técnicos, independente da natureza da entidade mantenedora da instituição de saúde;
- informar o órgão oficial municipal ou estadual quanto à composição da CCIH e às alterações que venham a ocorrer;

- aprovar e fazer respeitar o regimento interno da CCIH, bem como garantir o cumprimento das recomendações formuladas pela Coordenação Municipal/Distrital de Controle de Infecção Hospitalar;
- fomentar a educação e o treinamento de todo o pessoal hospitalar. A carga horária diária dos membros executores deverá ser calculada proporcionalmente à quantidade de leitos do hospital. Os membros executores terão acrescidas 2 (duas) horas semanais de trabalho para cada 10 (dez) leitos ou fração.

Nos hospitais com leitos destinados a pacientes críticos, a CCIH deverá ser acrescida de outros profissionais de nível superior da área de saúde. Os pacientes considerados críticos são: pacientes de terapia intensiva (adulto, pediátrico e neonatal), pacientes de berçário de alto risco, pacientes queimados, pacientes submetidos a transplantes de órgãos, pacientes hemato-oncológicos e pacientes com Síndrome da Imunodeficiência Adquirida.

PAPEL DO FARMACÊUTICO NA INFECÇÃO HOSPITALAR

*Controle de antimicrobianos*

O ciclo da dispensação dos medicamentos, obrigatoriamente, inclui a passagem da prescrição médica pela farmácia. Essa etapa do processo torna possível a vigilância contínua sobre a dispensação dos antibióticos, denominada *antibioticovigilância*. De forma geral, a farmácia pode empreender algumas ações que contribuirão para um melhor uso dos antibióticos, das quais podemos destacar:

- antibioticovigilância – em conjunto com a CCIH, realiza acompanhamento diário das prescrições médicas e confronta drogas prescritas com os protocolos elaborados pela própria CCIH;
- stewardship de antimicrobianos: programa de gerenciamento de antimicrobianos visando a qualidade dos serviços;
- educação continuada – elaboração de programas sobre uso racional de antibióticos;
- controle do acesso dos propagandistas da indústria farmacêutica aos prescritores;
- obrigatoriedade de justificativa para prescrição de alguns antimicrobianos.

## Equipe Multidisciplinar de Terapia Nutricional (EMTN)

A EMTN é um grupo multidisciplinar, formalmente constituído por membros de alguns setores diretamente ligados à terapia nutricional:
- médico;

- nutricionista;
- enfermeiro;
- farmacêutico.

Podendo contar com profissionais de outras categorias, desde que habilitados e com treinamento específico para a prática da terapia nutricional.

No Brasil, a EMTN é regulamentada pela Portaria nº 272, de 8 de abril de 1998[23] e também pela Resolução nº 63, de 6 de julho de 2000.[24]

Recentemente criada, essa comissão tem por objetivo:
- avaliar o estado nutricional do paciente;
- desenvolver e aplicar o plano terapêutico;
- realizar acompanhamento do paciente;
- manutenção do suporte (suspender ou modificar);
- estabelecer normas e procedimentos como prescrição, formulação, armazenamento, conservação e administração das formulações;
- documentar resultados do suporte adotado e os laudos referentes às formulações administradas;
- promover pesquisas, ensaios e adotar a educação continuada para o pessoal envolvido;
- padronizar e reavaliar as práticas nutricionais;
- notificar órgãos competentes e o SCIH sobre complicações sépticas observadas.

Nos últimos anos houve um grande avanço do suporte nutricional na área hospitalar. Há muito pouco tempo acreditava-se que todo e qualquer paciente admitido deveria receber alta carga de nutrientes e que boa parte de seus problemas poderiam começar a ser resolvidos somente com esse procedimento.

Porém, existem situações específicas, com dietas apropriadas, que requerem a presença do profissional que mais entende desse assunto: o nutricionista.

Um esquema de suporte nutricional bem elaborado colabora de forma efetiva para o sucesso da terapia adotada pelo médico.

O suporte nutricional objetiva fornecer os nutrientes necessários ao paciente, a fim de garantir ou melhorar o seu estado nutricional com o mínimo de efeitos secundários e complicações metabólicas; esse procedimen-

---

[23] Resolução Anvisa nº 63, de 6 de julho de 2000 – Aprova o regulamento técnico para fixar os requisitos mínimos exigidos para a Terapia de Nutrição Enteral.
[24] Ministério da Saúde (SVS), Portaria no 272, de 8 de abril de 1998 – Aprova o regulamento técnico para fixar os requisitos mínimos exigidos para a Terapia de Nutrição Parenteral.

to deve aportar as calorias necessárias, provenientes de diferentes fontes, como carboidratos, lipídios e proteínas em quantidades e proporções adequadas, considerando as possíveis alterações de utilização de nutrientes para que, às expensas de um balanço nitrogenado positivo, possa realizar-se a síntese proteica.[25]

É importante destacar que o suporte nutricional adotado decorre do acompanhamento do doente, executado pela equipe multidisciplinar. A integração entre farmacêuticos, médicos, enfermeiras e nutricionistas permite obter um número maior de informações sobre as condições e necessidades do paciente.

## PAPEL DO FARMACÊUTICO NA EMTN

- Atividades clínicas – participar das visitas diárias, em conjunto com os outros membros da equipe, com o objetivo de avaliar o suporte nutricional adotado (avaliação das prescrições médicas).
- Elaborar protocolos, formulações-padrão, procedimentos e treinamento de pessoal em conjunto com os integrantes da equipe.
- Realizar farmacovigilância para analisar reações adversas e interações droga-nutrientes.
- Atuar em projetos para desenvolvimento de trabalhos clínicos.
- Planejar e coordenar a montagem e manutenção da área de preparo de dietas parenterais, caso exista essa área na farmácia hospitalar.
- Estabelecer requisitos para análise e aprovação, se for o caso, de serviços terceirizados de preparo nutricional.
- Estabelecer especificações das matérias-primas, nutrientes e correlatos utilizados nas preparações.
- Análise qualitativa e quantitativa das preparações.
- Assegurar esterilidade, apirogenicidade e estabilidade físico-química das soluções.
- Validar o processo de preparo.

### Dieta enteral

Apresenta-se no estado líquido ou semissólido e é administrada por via oral, gástrica ou entérica, com o uso ou não de sondas especiais (gástricas, duodenais ou jejunais). Quando se opta por esse tipo de dieta, é porque o paciente apresenta o tubo digestivo total ou parcialmente íntegro.

---

[25] *Guia básico para a farmácia hospitalar* (Brasília: Ministério da Saúde (MS)/Secretaria de Assistência Social – SAS, 1994).

As fórmulas enterais classificam-se de acordo com alguns critérios:
- fornecimento de macro e micronutrientes – depende do aporte calórico-proteico e dos nutrientes veiculados por outra dieta;
- complexidade – refere-se à forma química que o nutriente se apresenta na formulação;
- grau de especialização – define a utilização da fórmula de acordo com sua especificidade (patologias ou distúrbios metabólicos);
- dietas com ou sem elementos específicos.

As fórmulas enterais, por causa da presença de elementos específicos, ainda podem se classificar em:
- *completas* – são as que fornecem proteínas, carboidratos, lipídios, vitaminas e minerais. Esses elementos são quantificados para atingir o estado nutricional normal para um indivíduo.
- *incompletas* – são as chamadas de "suplementos dietéticos".
- *liquefeitas* – são aquelas preparadas de forma artesanal, no próprio serviço de nutrição e dietética (SND) hospitalar.
- *lácteas* – são as que apresentam lactose em sua composição.
- *sem lactose* – essas formulações podem apresentar outros componentes do leite, como a caseína.
- *elementares* – são constituídas de açúcares, aminoácidos cristalinos, vitaminas, minerais e ácidos graxos essenciais.
- *oligoméricas* – a maioria dos seus componentes se constitui de oligossacarídeos e oligo peptídeos.
- *poliméricas* – nesse tipo de fórmula enteral, os nutrientes se apresentam em sua forma intacta e podem apresentar ou não lactose.
- *dietas especializadas* – são destinadas a pacientes com trato gastrintestinal em funcionamento, mas que, por apresentarem doença de base importante, requerem uma formulação especial.
- *dietas modulares* – formulações baseadas na junção de dois ou mais módulos de macronutrientes.
- *dietas com fibras adicionais* – são formulações enterais que apresentam a adição de fibras em sua composição.

### Dieta parenteral

Fornecer nutrientes essenciais por via parenteral é algo relativamente novo. Somente há duas décadas foi possível administrar nitrogênio e calorias em proporções adequadas para a obtenção de um balanço nitrogenado positivo.[26]

---

[26] *Manual básico de farmácia hospitalar* (Brasília: Conselho Federal de Farmácia (CFF), 1997).

A alimentação parenteral muitas vezes é mais importante do que a própria farmacoterapia adotada, por isso é fundamental na clínica médica. Ela objetiva prevenir ou tratar estados de desnutrição nos pacientes submetidos a qualquer tipo de tratamento médico-hospitalar. Em alguns casos, aplica-se ao tratamento de *home care*.

Calcula-se que praticamente a metade dos pacientes cirúrgicos apresenta quadro de desnutrição proteico-calórica, que pode ser de grau moderado ou grave. Um paciente nesse estado certamente terá dificuldades no restabelecimento de sua saúde. Até mesmo a ação de alguns medicamentos estará prejudicada pela ocorrência de efeitos adversos. Um quadro de hipoalbunemia, por exemplo, interfere na distribuição de várias drogas, como:

- câncer;
- insuficiência cardíaca;
- processos inflamatórios;
- doenças hepáticas;
- gravidez;
- estresse.

Deve-se indicar a nutrição parenteral para os seguintes casos:
- feridos graves;
- idosos que apresentem justificativa para reposição nutricional parenteral;
- pacientes que apresentam obstrução da via digestiva por:
  - neoplasia maligna ou benigna;
  - peritonite;
  - pancreatite associada com íleo paralítico;
  - anorexia nervosa;
  - sepse; etc.

Vantagens do uso da nutrição parenteral:
- substituição parcial da glicose por lipídeos como fonte calórica, na tentativa de evitar alguns problemas como hiperglicemia, alta produção de dióxido de carbono, deficiência de ácidos graxos essenciais. Essa substituição não deve exceder a 50% ou 60%. Tratamentos prolongados devem ser acompanhados da administração de carnitina, a fim de garantir o processo metabólico dos lipídeos;
- baixo risco de contaminação, se comparado a sistemas de infusão;
- o uso da nutrição parenteral é importante para pacientes hipercatabólicos, cujo estado exige restrição de fluídos. Por utilizar um único sistema de infusão, sua adoção permite a redução do custo do tratamento e do tempo dispensado pela enfermagem.

Desvantagens do uso da nutrição parenteral:
- ainda não há estudos sobre possíveis influências dos aditivos na estabilidade da solução;
- pode haver crescimento bacteriano, em virtude da impossibilidade da filtração de soluções;
- riscos de contaminação.

*Instabilidades e incompatibilidades de uma nutrição parenteral*

De acordo com o *National Coordinating Committee on Large Volume Parenterals* (NCCLVP), *incompatibilidade* é um fenômeno que ocorre quando uma substância é misturada a outras e resulta em um produto indesejável e que não pode ser administrado ao paciente. Nessa mistura ocorrem reações físico-químicas responsáveis pelo novo produto.

A *instabilidade* caracteriza-se pela modificação de uma nutrição parenteral, ou qualquer outra mistura, pelas condições de estocagem ou acondicionamento, gerando um produto indesejável.

### RISCOS DE CONTAMINAÇÃO

De maneira genérica, podemos destacar os seguintes riscos:
- fluído contaminado durante o preparo das soluções;
- contaminação por intermédio do pessoal que administra a solução (mãos);
- cateteres venosos centrais, bilaterais ou multilúmenes;
- falta de habilidade na manutenção da assepsia no sítio de inserção do cateter (desinfetantes contaminados).

Certos microrganismos são capazes de se reproduzir em soluções de nutrição parenteral, dos quais destacam-se:
- *Candida albicans*;
- *Serratia marsenscens*;
- *Staphylococcus epidermitis*;
- *Candida parapsilosis*;
- Grupo *Klebsiellaenterobacter*;
- *Alkaligenis faecalis*;
- *Proteus mirabilis*;
- *Escherichia coli*;
- *Pseudomonas aeruginosa*;
- *Staphylococcus aureus*;
- *Streptococcus viridins*;
- *Geotrichum candidum*.

## Equipe Multidisciplinar de Terapia Antineoplásica (EMTA)

As neoplasias são definidas como doenças que se caracterizam pela multiplicação e disseminação descontrolada de formas anormais de células no organismo.[27] Dividem-se em benignas e malignas, e a grande diferença entre os dois diagnósticos está no prognóstico do doente.

A benigna se caracteriza por elevada possibilidade de cura e não implica, na maioria das vezes, risco de vida para o paciente, ao contrário da forma maligna, que tem pior prognóstico e necessita de procedimentos terapêuticos mais agressivos e complexos, como a quimioterapia, que consiste na utilização de substâncias químicas (medicamentos), isoladas ou não, com o objetivo de tratar essas neoplasias. Mesmo assim elas podem levar o paciente à morte.

A nomenclatura dada aos vários tipos de cânceres refere-se, em geral, ao local ou tecido onde ele se originou. Neoplasias originadas no tecido mesenquimatoso geralmente são denominadas *sarcomas*, enquanto cânceres oriundos de células epiteliais se chamam *carcinomas*.

De acordo com a resposta ao agente quimioterápico, podemos dividir os tumores em cinco grupos:[28]

- *tumores curáveis* – são tratáveis por meio da quimioterapia. Exemplos: doença de Hodgkin, retinoblastoma, sarcoma de Ewing, leucemia linfoide aguda (em crianças).
- *melhoria da sobrevida* – nesse caso, a quimioterapia raramente levará à cura, mas trará aumento da sobrevida. Exemplos: leucemia aguda (adolescentes e crianças), mieloma múltiplo, linfoma não Hodgkin agressivo, carcoma osteogênico.
- *efeito paliativo* – o tratamento com os quimioterápicos traz alívio aos sintomas da doença. Exemplos: tumores carcinoides, leucemia granulocítica crônica, carcinoma da próstata.
- *respostas ocasionais* – o tratamento produz algumas poucas respostas ocasionais, à custa de toxicidade. Exemplos: sarcomas, tumores cerebrais, carcinoma de bexiga.
- *sem resposta* – raramente há resposta ao tratamento quimioterápico. Exemplos: hipernefroma, carcinoma de pâncreas, melanoma maligno (com envolvimento visceral).

Independentemente da situação socioeconômica do país, o câncer é encarado como um grave problema de saúde pública. O custo de seu tratamento e do amparo dado ao doente geralmente é alto. Além disso,

---

[27] Conselho Federal de Farmácia, *Manual básico de farmácia hospitalar* (Ministério da Saúde/Organização Pan-americana de Saúde – Opas, Brasília, 1997), p. 111.
[28] D. A. Casciato & B. B. Lowitz, *Manual of Clinical Oncology* (2ª ed. Boston: Little Brown, 1988).

não se trata de doença que possa ser evitada, salvo algumas exceções, como pulmão/cigarro, próstata/exames, mama/exames, etc. Por isso, os esforços das entidades de saúde estão direcionados para o diagnóstico precoce, sempre que possível.

Mesmo assim, um paciente com neoplasia diagnosticada em seu início, sem a presença de metástases, por exemplo, não estará definitivamente livre de sessões de radio ou quimioterapia. Curar uma neoplasia maligna dependerá de algumas questões, das quais destacamos o momento do diagnóstico: cedo ou tardio.

Mesmo no século XXI, a medicina ainda não conseguiu chegar à cura total dessa temível e avassaladora doença. Entretanto, é importante ressaltar que os recursos utilizados no tratamento das neoplasias vêm experimentando importantes avanços, com as:

- cirurgias;
- radioterapias;
- quimioterapias.

De forma quase incessante, pesquisas vêm sendo feitas para que se encontrem novas drogas que combatam o câncer. Dados revelam que mais de 600 mil drogas foram estudadas nos últimos quarenta anos e, desse total, menos de 1% saiu dos laboratórios para os consultórios médicos, isto é, efetivamente viraram medicamentos.

Atualmente existe um número de doenças oncológicas que podem ser tratadas, mas o mais comum ainda é o tratamento com quimioterapia. Em alguns outros casos, drogas isoladas ou mesmo em combinação sinérgica permitem um aumento da sobrevida dos pacientes.

Entre as neoplasias malignas, as de maior preocupação são aquelas de origem epitelial.

A terapêutica oncológica busca:

- formular condutas e comprovar resultados;
- identificar de forma precoce as células afetadas;
- estimular a ação do sistema de defesa do organismo diante das células afetadas;
- melhorar o conhecimento sobre as drogas disponíveis e sobre as drogas utilizadas como coadjuvantes;
- reduzir ao máximo a exposição a efeitos indesejáveis;
- melhorar a qualidade de vida do doente quando medicado.

Classificação dos quimioterápicos:

- agentes alquilantes e nitrosureias;
- alcaloides da vinca;
- antibióticos antitumorais;

- agentes antimetabólitos;
- miscelânea.

As drogas quimioterápicas têm um grau de toxicidade importante, seja para o doente, seja para o manipulador. Podem causar problemas hematológicos, alterações no epitélio gastrintestinal e germinativo, problemas nos tecidos embrionários, teratogenicidade, mutagenicidade, carcinogenicidade e outros problemas relacionados a medicamentos (PRMS).

O manipulador de produtos oncológicos está constantemente exposto à ação dessas drogas. Pode sofrer lesões hepáticas e, no caso das mulheres, aborto espontâneo, tudo em consequência da exposição ocupacional a essas drogas.

Na própria manipulação dos quimioterápicos pode ocorrer extravasamento da bolsa de soro ou de uma seringa, que em contato com a pele íntegra pode causar problemas. É recomendável que os profissionais que manipulam quimioterápicos tenham sido treinados para essa função, além de receberem noções básicas sobre esses produtos, a saber:

- conhecer a ação das drogas e os riscos a que estão sujeitos;
- saber descartar de forma adequada o material contaminado;
- ter conhecimento de como descontaminar o equipamento (fluxo laminar);
- devem se submeter a exames médicos periódicos para atestar que não houve contaminação por meio dos quimioterápicos.

Conforme já foi dito, o fluxo de preparo requer cuidado especial.

Vejamos, a seguir, algumas considerações:

- sempre trabalhar em fluxo laminar biológico classe II-B (preferencialmente com exaustão externa);
- o fluxo deve sofrer manutenção periódica, de acordo com recomendações do fabricante (troca de filtros, etc.);
- é necessário que o memorial descritivo da área de preparo seja contemplado com troca de roupa, antessala e *by-pass* (túnel);
- a área de preparo não requer o mesmo grau de limpeza que uma área de Núcleo de Pesquisa e Prestação de Serviços (NPPS); entretanto, técnicas assépticas são fundamentais, até mesmo pela própria situação imunodeprimida que o doente pode encontrar;
- o manipulador deve utilizar paramentação específica, como avental fechado com mangas longas, propés, luvas cirúrgicas estéreis de látex, que cubram os punhos (duas) sem talco, óculos de proteção e máscaras;
- não utilizar maquiagem, esmalte nas unhas ou congêneres;

- a área de preparo não deve conter produtos que não farão parte do processo de diluição;
- não pode haver, na área de preparo, alimentos ou bebidas;
- se as luvas forem perfuradas, trocá-las imediatamente;
- após o preparo, ao final das diluições, escovar cuidadosamente as mãos;
- a bancada de trabalho deve ser coberta com papel absorvente, sobre um filme plástico, e deve ser trocado várias vezes durante o dia;
- as bolsas, até chegarem ao paciente, devem estar acompanhadas dos respectivos equipos desconectados, evitando o vazamento e derrame dos líquidos medicamentosos;
- os medicamentos preparados devem ser rotulados com o nome do produto e do paciente, dosagem e horário da preparação;
- atenção total com as alíquotas e/ou diluições efetuadas, pois um pequeno erro de diluição pode causar danos irreparáveis.

De acordo com a RDC nº 220/2004 (Anvisa), a EMTA é um grupo constituído pelo farmacêutico (no mínimo esse profissional), além de enfermeiro e médico oncologista.

Esta equipe tem como principais funções:
- executar, supervisionar e avaliar de forma permanente todas as etapas da terapia antineoplásica (TA);
- estabelecer mecanismos para desenvolvimento de farmacovigilância, tecnovigilância e biossegurança em todas as fases da TA;
- estabelecer protocolos de prescrição e acompanhamento da TA;
- assegurar condições adequadas de indicação, prescrição, preparação, conservação, transporte, administração e o descarte da TA;
- capacitar os profissionais envolvidos, seja de forma direta ou indireta, com a aplicação do procedimento, através de programas de educação permanente, devidamente registrados.

### CENTRAL DE PREPARO DE QUIMIOTERÁPICOS

O conceito da necessidade de uma área especial para preparo de quimioterápicos tem crescido muito nos últimos anos. Nesse sentido, alguns hospitais optam pela terceirização desse tipo de serviço. Porém, quando uma unidade hospitalar decide por esse investimento, entende que deverá se submeter às especificações e regulamentações da legislação vigente. Dessa forma, se viável, a montagem da área pode trazer algumas vantagens ao hospital:
- evita a exposição de outros profissionais a esses produtos;

- proporciona maior tempo para a enfermagem se dedicar aos pacientes, não os envolvendo no preparo;
- permite focar investimento e tecnologia na montagem de uma área centralizada e exclusiva para essa atividade;
- a ação do farmacêutico nessa central prevê a análise farmacêutica de todas as prescrições médicas, checando dosagens, vias de administração, veículos, adjuvantes, periodicidade dos ciclos, etc.;
- farmacoeconomia – uma eventual "sobra" é utilizada de imediato na preparação de outros pacientes.

*Fluxo da central*

- médico prescreve (empirismo, conduta, protocolo);
- enfermagem encaminha para a central;
- farmacêutico analisa a prescrição;
- a formulação é preparada;
- checagem farmacêutica da preparação (rótulos, etc.);
- envio das bolsas e/ou seringas;
- administração;
- eventual devolução para descarte.

*Descrição*

O médico prescreve de acordo com condutas preexistentes ou com base em protocolos médicos. Ao receber a prescrição, o farmacêutico analisa se há concordância com protocolos ou *standards* internacionais, confronta o perfil do paciente com a dosagem e a posologia, atenta para a estabilidade e a incompatibilidade entre os produtos.

O preparo da formulação, como já foi dito, requer cuidados. Caso haja a preparação de adjuvantes, como antieméticos, corticosteroides e outros, tais produtos não podem ser manipulados na mesma capela onde se prepara os quimioterápicos, sob risco de contaminação cruzada.

## DESCARTE DE QUIMIOTERÁPICOS

Os materiais coletados devem ser acondicionados em embalagens próprias para posteriormente serem incinerados a uma temperatura de 800 °C a 1.200 °C.

Após a droga ser administrada, não reencapar a agulha ou desconectá-la da seringa. Esse material deve ser todo desprezado em recipiente rígido e impermeável, que não permita vazamentos de qualquer espécie. É necessário também que esse recipiente seja identificado.

ACIDENTES

Se ocorrer derramamento de droga quimioterápica no chão da enfermaria, não permitir que sua remoção seja feita por pessoas da limpeza, pois para realizar esse trabalho é necessário ter certo conhecimento.

Há uma grande preocupação referente à contaminação ambiental e operacional. A seguir, algumas recomendações:

- se as drogas entrarem em contato com a pele íntegra, lavar com exaustão a área afetada valendo-se de água corrente e sabão, de preferência neutro e sem agentes germicidas;
- se os olhos forem afetados, irrigar com soro fisiológico 0,9% eem abundância;
- em caso de derramamento, é necessário que se tenha um *kit* disponível conforme segue abaixo:
  - *kit* derramamento:
    - luvas de procedimentos;
    - avental de baixa permeabilidade;
    - compressas absorventes;
    - proteção respiratória;
    - proteção ocular;
    - sabão;
    - descrição do procedimento;
    - formulário para registro do acidente;
    - recipiente identificado para recolhimento dos resíduos conforme Resolução de Diretoria Colegiada e Agência Nacional de Vigilância Sanitária RDC/Anvisa nº 33, de 25 de fevereiro de 2003, suas atualizações ou outro instrumento legal que venha substitui-la.

É necessário que se tenha também cuidado rígido com fluidos e secreções corporais dos pacientes.

## O PAPEL DO FARMACÊUTICO NO SERVIÇO DE ONCOLOGIA

A preparação dos quimioterápicos é comum nos hospitais que possuem serviços de oncologia. Em alguns casos, por avaliação econômico-financeira, o hospital pode decidir por terceirizar o preparo. Ainda assim, o farmacêutico vai atuar em algumas etapas do atendimento.

Atuação do farmacêutico:
- preparação dos quimioterápicos;
- atuação no suporte (clínica);
- atuação na farmacoterapia.

O farmacêutico, além de atuar no preparo de quimioterápicos, pode exercer atividades clínicas (farmacêutico clínico) no que diz respeito ao serviço de oncologia. Precisará ter preparo suficiente para tal, por se tratar de área altamente específica e com interface para outras clínicas (pediatria, ginecologia, geriatria, etc.).

Em alguns países que apresentam estágios de desenvolvimento na área de farmácia clínica superiores ao Brasil, esse campo de atuação é bastante explorado pelos farmacêuticos. A American Society of Hospital Pharmacists (ASHP) possui padrões de credenciamento e objetivos de formação na residência em farmácia clínica oncológica desde 1982.

Em 1975, a ASHP definiu a farmácia oncológica como um dos onze grupos de especial interesse, pois tem como objetivo fornecer um apoio institucional para áreas de farmácia nas quais um número substancial de membros daquela instituição está envolvido.

A regulamentação no Brasil para o funcionamento dos serviços de terapia antineoplásica veio com a Resolução Anvisa nº 220, de 21 de setembro de 2004. Essa normativa estende-se também à estrutura física desses serviços.

Em 2017, o Conselho Federal de Farmácia (CFF) publicou a Resolução nº 640, dando nova redação ao artigo 1º da Resolução nº 623/2016, estabelecendo critérios mínimos de titulação para a atuação do farmacêutico em serviços de oncologia. Sendo assim, a competência legal para o farmacêutico poder atuar em serviços de oncologia passa a ser uma das opções abaixo:

a)] ser portador de título de especialista emitido pela Sociedade Brasileira de Farmacêuticos em Oncologia (Sobrafo);
b) ter feito residência na área de Oncologia;
c) ser egresso de programa de pós-graduação lato sensu reconhecido pelo Ministério da Educação (MEC) relacionado à farmácia oncológica;
d) ter atuado por 3 (três) anos ou mais na área de oncologia, o que deve ser comprovado por meio de Carteira de Trabalho e Previdência Social (CTPS) ou de contrato e declaração do serviço, com a devida descrição das atividades realizadas e do período de atuação.[29]

Segundo a mesma resolução, "é atribuição privativa do farmacêutico o preparo dos antineoplásicos e demais medicamentos que possam causar risco ocupacional ao manipulador (teratogenicidade, carcinogenicidade e/ou mutagenicidade) nos estabelecimentos de saúde públicos ou privados".[30]

---

[29] Conselho Federal de Farmácia, Resolução nº 640, de 27 de abril de 2017. Disponível em http://pesquisa.in.gov.br/imprensa/jsp/visualiza/index.jsp?data=08/05/2017&jornal=1&pagina=121&totalArquivos=128. Acessado em 28/01/2019.

[30] Ibid.

## Comissão de Farmacovigilância

Farmacovigilância é o conjunto de procedimentos destinados a detectar, registrar e avaliar, de forma sistemática, as reações adversas a medicamentos.

Como é de conhecimento, os medicamentos são submetidos a inúmeros testes e controles antes de sua comercialização. Entretanto, alguns dos seus efeitos só são percebidos algum tempo após sua utilização ou introdução no mercado. Isso ocorre porque esses efeitos podem estar entre algum tipo de variação na sua ação farmacológica ou no surgimento e/ou prevalência de algum efeito adverso.

Na recente história da indústria farmacêutica mundial, alguns exemplos podem ser mencionados.

No início dos anos 1960, a talidomida trouxe resultados terríveis e imprevisíveis que serviram de alerta para as autoridades de saúde do mundo inteiro. O aparecimento de focomelia nas crianças filhas das mães que receberam esse medicamento causou forte impacto e motivou uma revisão dos protocolos para estudos pré-clínicos e clínicos anteriores ao lançamento de novos medicamentos.

Em 2000, a alosetrona, indicada para a síndrome do cólon irritável, foi retirada do mercado devido à observância de mais de cinquenta casos de colite isquêmica. Alguns casos de obstipação grave chegaram a causar cinco mortes. Um pouco antes, em 1998, o mibefradil, bloqueador dos canais de cálcio que havia sido lançado em 1997, foi retirado do mercado, pois apresentou interação com um grande número de fármacos.

Algumas considerações:[31]
- nos Estados Unidos, 20% das hospitalizações estão relacionadas aos maus resultados dos tratamentos farmacológicos;
- em 1995, o custo da morbidade e mortalidade relacionadas com medicamentos foi de 76 bilhões de dólares;
- de 1995 a 2000, o custo de doenças relacionadas com medicamentos quase triplicou, excedendo a 177 bilhões de dólares;
- cerca de 44 mil americanos morrem anualmente em decorrência dos erros de medicação;
- o cumprimento inadequado das farmacoterapias é responsável por 10% das admissões hospitalares, 23% das admissões de atendimento domiciliar e 20 milhões de dias de trabalho perdidos.

Na Espanha, artigos publicados revelam que cerca de 3% a 5% das admissões em salas de emergência de hospitais gerais se devem à ocor-

---
[31] L. M. Strand & P. C. Morley, *El ejercicio de la atención farmacéutica* (Madri: Mc Graw Hill/Interamericana de España, 1998).

rência de reações adversas a medicamentos, enquanto cerca de 10% a 20% dos pacientes hospitalizados que recebem medicamentos desenvolvem alguma forma de reação adversa aos fármacos administrados. Todos esses problemas relacionados a medicamentos representam um alto custo para o sistema de saúde, seja ele público, seja privado. As instituições privadas, por meio de seus serviços de medicina preventiva, apresentam preocupação com esse tipo de ocorrência e procuram oferecer esclarecimento ao seu conveniado, orientando-o sobre sua doença e os medicamentos que utiliza.

Um programa de farmacovigilância para uma unidade hospitalar deve ter objetivos e metas já eestabelecidos. Elencamos a seguir os principais:
- detectar de forma precoce os efeitos adversos, a tempo de saná-los;
- conseguir apontar reações adversas, além daquelas que se tem conhecimento;
- oferecer informações educativas aos profissionais de saúde d do hospital sobre as reações adversas aos medicamentos (RAMs);
- dispor de protocolos para tratamento ou prevenção dessas reações.

Um sistema de farmacovigilância pode envolver um grupo de pacientes ou assistir a todos os pacientes internados e seus respectivos medicamentos. Se assistir a todos, os dados podem ser coletados por:

## NOTIFICAÇÃO

O médico ou outro profissional de saúde observa a reação adversa e faz a notificação. Esse profissional pode, inclusive, ser o farmacêutico clínico. Nesse caso, deve procurar identificar os problemas relacionados à segurança dos medicamentos, investigação das casualidades, frequência, troca de informação ágil entre os profissionais de saúde.

## PESQUISA RETROSPECTIVA

As reações já ocorreram em algum momento passado, pois foram coletadas por meio da pesquisa em prontuários médicos.

## DETECÇÃO

A farmácia hospitalar, por meio de um sistema de dispensação que permita acompanhar fielmente os medicamentos utilizados pelo paciente, pode aperceber-se de intercorrências que envolvam suspensão de medicamentos, substituição de drogas, alterações em doses e outras situações que evidenciem alguma reação indesejável ou adversa no curso da farmacoterapia.

Caso o sistema vise o acompanhamento limitado, deve restringir-se a grupo de drogas ou pacientes. Por exemplo: "Clínica da Warfarina", acompanhando os efeitos de uma droga complexa e que cause uma série de reações secundárias.

Nesse sistema restrito, torna-se possível realizar com segurança e acompanhamento casos dos mais diversos. Também pode "fechar" uma vigilância direta sobre um grupo de pacientes ou sobre uma droga e os pacientes que eventualmente passarem a usá-la.

A Organização Mundial de Saúde (OMS), em seu documento técnico nº 425, define uma RAM como "qualquer resposta a medicamento que seja nociva e indesejável, e que ocorra com as doses habitualmente usadas no homem, para profilaxia, diagnóstico ou tratamento".[32]

Reações adversas:
- *doses dependentes* – efeitos colaterais e citotóxicos, superdosagens, via de administração (forma farmacêutica), interações medicamentosas;
- *independentes da dose* – hipersensibilidade, idiossincrasia e intolerância.

Mostramos, próxima página, um modelo de ficha de registro de reações adversas.

### Comissão de Farmácia e Terapêutica (CFT)

A CFT estabelece critérios para a inclusão e exclusão de medicamentos na lista padronizada do receituário de um hospital. Este setor busca disciplinar a prescrição de medicamentos no hospital, facilitar o controle de estoque (diminuir o arsenal terapêutico), proporcionar uma linguagem "universal" dos medicamentos, promover maior facilidade para a prática da farmacovigilância e facilitar o sistema de dispensação adotado pela farmácia. Também cabe à CFT divulgar a inclusão ou exclusão de itens, elaborar estudos sobre novos medicamentos, registrar informações e manter arquivo dos documentos referentes aos produtos aprovados (e dos não aprovados também).

Os critérios a serem adotados pela CFT são:
- padronizar medicamentos pelo nome do princípio ativo (p.a.), conforme a Denominação Comum Brasileira (DCB);
- padronizar medicamentos com um único p.a., exceto para as associações de comprovada eficácia terapêutica;

---

[32] Glaxo-Wellcome – Linha Hospitalar, *Manual de farmácia hospitalar* (Editora Gráfica Serrana: Petrópolis, 1998), p. 269.

## FICHA DE FARMACOVIGILÂNCIA

Notificação de suspeita de reação adversa a medicamento

Notificação de queixa técnica (ou suspeita de desvio de qualidade)

### 1. Dados do paciente:

| | |
|---|---|
| Nome do paciente: | Sexo ( ) M ( ) F |
| Idade: Peso: | Hospitalizado ( ) Sim ( ) Não |
| Cor: Altura: | Número do prontuário: |

Diagnóstico de internação:

História pregressa da atual doença:

### 2. História clínica relevante:

| | | |
|---|---|---|
| História de alergia | ( ) Sim | ( ) Não Especificar: |
| Gestante | ( ) Sim | ( ) Não Nefropatias ( ) Sim ( ) Não |
| Cardiopatia | ( ) Sim | ( ) Não Diabetes ( ) Sim ( ) Não |
| Etilismo | ( ) Sim | ( ) Não Hepatopatia ( ) Sim ( ) Não |
| Hipertensão | ( ) Sim | ( ) Não |
| Internações anteriores | ( ) Sim | ( ) Não |

Outros (especificar):

### 3. Descrição da reação adversa suspeita (incluindo dados laboratoriais relevantes):

Início: Fim: Duração:

### 4. Medicamento(s) suspeito(s) de causar reação adversa:

| | |
|---|---|
| Nome comercial/sal: | 'Indicação: |
| Dose prescrita: | Via de administração: |
| Início: Fim: Duração: | Motivo: |
| Nome comercial/sal: | Indicação: |
| Dose prescrita: | Via de administração: |
| Início: Fim: Duração: | Motivo: |

**5. Fazendo uso de outros medicamentos:**   ( ) Sim   ( ) Não

| Nome comercial/sal: | Dose prescrita: |
|---|---|
| Dose total administrada: | Via de administração: |

Início:          Fim:                 Duração:          Motivo:

**6. Condutas:**

| ( ) Necessitou de internação | ( ) Medicamento suspenso: |
|---|---|
| ( ) Prolongou a internação | ( ) Melhora |
| ( ) Continuou com a medicação | ( ) Sem melhora |
| ( ) Alterou a posologia | ( ) Desconhecida |

( ) Tratamento específico:

**7. Evolução:**

| ( ) Ainda não recuperado | ( ) Recuperação com sequelas: |
|---|---|
| ( ) Risco de vida | ( ) Sim   ( ) Não |
| ( ) Desconhecida | ( ) Anomalia congênita |

( ) Óbito

Especificar:

**8. Reexposição:**

| ( ) Recorrência dos sintomas | ( ) Sem recorrência |
|---|---|
| ( ) Reintrodução não efetuada | ( ) Desconhecida |

**9. Notificação de queixa técnica (ou suspeita de desvio de qualidade):**

| Medicamento: | ( ) Falta de efeito terapêutico |
|---|---|
| Fabricante: | Alteração: |
| Número de lote:   ( ) Cor | ( ) Odor   ( ) Turbidez |
| Validade:   ( ) Sabor | ( ) Falsificação   ( ) Rótulo |
|    ( ) Embalagem | ( ) Outros |

**10. Notificador:**

Nome/função:

Data da notificação: _____/_____/_____

| ( ) Primeira notificação do caso | ( ) Seguimento do caso |
|---|---|
| Notificação para indústria: | ( ) Sim   ( ) Não |

Data: _____/_____/_____

- selecionar medicamentos de qualidade: verificar o menor custo, a dispensação facilitada e o controle, bem como o armazenamento adequado;
- priorizar formas farmacêuticas fracionáveis.

A estrutura da CFT deve conter:
- 1 farmacêutico;
- 1 representante da clínica médica;
- 1 representante da clínica cirúrgica;
- 1 representante da pediatria;
- 1 representante da CCIH;
- 1 representante do corpo de enfermagem.

## PAPEL DO FARMACÊUTICO NA CFT

A resolução nº 449 do Conselho Federal de Farmácia (CFF) de 2006 dispõe sobre as atribuições do farmacêutico na CFT, que correspondem a:
- participar da escolha, análise e utilização de estudos científicos que fundamentem a adequada seleção de medicamentos;
- participar de ações visando à promoção do uso racional de medicamentos e ao desenvolvimento da pesquisa clínica;
- participar da elaboração de diretrizes clínicas e protocolos terapêuticos;
- participar do estabelecimento de prescrição, dispensação, administração, utilização de medicamentos e avaliação;
- participar de estudos de custo-efetividade de medicamentos e outros produtos para a saúde;
- prover informações sobre medicamentos e outros produtos para saúde suspeitos de envolvimento em eventos adversos;
- participar da definição de critérios que disciplinem a divulgação de medicamentos e produtos para a saúde no ambiente hospitalar;
- participar da realização de estudos de utilização de medicamentos;
- estimular a utilização de indicadores epidemiológicos como critério do processo decisório de seleção;
- participar da elaboração e divulgação da padronização de medicamentos, zelando pelo seu cumprimento;
- participar da elaboração do guia farmacoterapêutico.

## Gerenciamento dos resíduos de serviços de saúde

Devido às suas características específicas, os serviços hospitalares podem trazer sérios danos no que se refere ao tipo de resíduo a ser descartado. O lixo hospitalar inclui substâncias variadas, como infectantes, contaminantes, produtos químicos e até radioativos, em casos menos comuns.

A RDC Anvisa nº 306 e a Resolução nº 358 do Conselho Nacional do Meio Ambiente (Conama) foram regulamentadas com o propósito de detectar e estabelecer medidas para eliminar, prevenir ou minimizar os riscos oferecidos pelos resíduos dos serviços de saúde no Brasil.

A Resolução nº 306 envolveu técnicos da Anvisa e profissionais de setores como meio ambiente, limpeza urbana, indústria farmacêutica, associações e entidades médicas e farmacêuticas, com objetivos claros de trazer maior proteção à saúde individual e também ao meio ambiente perante os resíduos descartados. A RDC nº 306 trata das etapas de manejo para os resíduos do serviço de saúde (RSS) dentro das unidades de saúde. Devem existir destinos ambientalmente seguros para esses resíduos, os quais são objeto da resolução do Conama.[33]

O plano de gerenciamento de resíduos de saúde (PGRSS) é o documento que aponta e descreve as ações relativas ao manejo dos resíduos sólidos, observadas suas características e riscos, no âmbito dos estabelecimentos, contemplando os aspectos referentes a:

- geração;
- segregação;
- acondicionamento;
- coleta;
- armazenamento;
- transporte;
- tratamento; e
- disposição final.

O farmacêutico hospitalar deve fazer parte da equipe do PGRSS.

Segundo a RDC nº 306,[34] os geradores dos RSS são todos os serviços relacionados com o atendimento à saúde humana ou animal, inclusive:

- serviços de assistência domiciliar e de trabalhos de campo;
- laboratórios analíticos de produtos para a saúde;
- necrotérios, funerárias e serviços em que se realizem atividades de embalsamamento, serviços de medicina legal;
- drogarias e farmácias inclusive as de manipulação;
- estabelecimentos de ensino e pesquisa na área da saúde;

---

[33] Resolução Anvisa nº 306, de 7 de dezembro de 2004.
[34] Resolução Conama nº 358, de 29 de abril de 2005, DOU de 4 de maio de 2005.

- distribuidores de produtos farmacêuticos, importadores, distribuidores produtores de materiais e controles para diagnóstico *in vitro;*
- unidades móveis de atendimento à saúde;
- serviços de acupuntura, de tatuagem, entre outros similares. Os resíduos são classificados quanto aos riscos apresentados:
  - Grupo A – resíduos biológicos (bolsas de sangue/hemocomponentes).
  - Grupo B – resíduos químicos (medicamentos, antineoplásicos, metais pesados, domissanitários, etc.).
  - Grupo C – resíduos radioativos (comuns em serviços de medicina nuclear, radioterapia, etc.). Radionuclídeos.
  - Grupo D – resíduos comuns (recicláveis, resíduos de cozinha, entulhos de obras, papel de uso sanitário, etc.).
  - Grupo E – perfurocortantes (lâminas de bisturi e de barbear, agulhas, escalpes, ampolas de vidro, etc.).

# 10 Atividades clínicas do farmacêutico

Em vários tópicos desta obra citei a importância da farmácia hospitalar, baseada nos pilares clínicos, gerenciais, técnicos e assistenciais. A farmácia clínica é fruto exatamente do avanço da farmácia hospitalar. Não pode haver um bom serviço de farmácia clínica estruturado se não existir a farmácia hospitalar em bom e perfeito funcionamento.

Podemos inclusive afirmar que, por exemplo, a logística, tem relação direta com os serviços clínicos. Como ter sucesso na farmacoterapia sem o insumo chamado medicamento?

Estratégias e recomendações internacionais voltadas para repensar o papel do farmacêutico no Sistema de Atenção à Saúde, antes simplesmente considerado o responsável pelo abastecimento de medicamentos, e atualmente como corresponsável pela terapia do paciente e promoção do uso racional dos medicamentos.

As ações do farmacêutico são pautadas, por exemplo, na questão de que não existe um medicamento ideal e ainda que existisse, necessitaria de acompanhamento.

Este medicamento ideal precisaria atender algumas características:
- Ser 100% eficaz.
- Apresentar dose para cada perfil de paciente, uma espécie de customização.
- Possuir parâmetros farmacocinéticos lineares e não erráticos: algo improvável e impossível.
- Não apresentar reações adversas.
- Não apresentar toxicidade: como obter isso em neonatos, idosos e públicos (populações) especiais?
- Ter custo acessível: como obter isso para novos medicamentos, protegidos sob patente?
- Ter tempo de uso definido.

Para que um projeto de farmácia clínica seja exercido plenamente alguns quesitos são considerados fundamentais:
- Competência técnica
  - O farmacêutico avalia a sua própria prática em relação aos padrões de prática profissional e os estatutos e regulamentos pertinentes.

- O farmacêutico se prepara para executar as atividades clínicas.
- O farmacêutico se atualiza quantos aos conhecimentos necessários para as suas atividades.
- O farmacêutico participa de cursos, congressos, rounds, estando apto para as atividades clínicas.
- O farmacêutico não se vê refém de formadores de opinião, exercendo sua autonomia pautada em ética e conhecimento (evidências científicas).

▶ Ética
- Decisões éticas no cuidado farmacêutico.

▶ Colegialidade
- O farmacêutico contribui para o desenvolvimento profissional dos colegas.

▶ Colaboração
- O farmacêutico contribui efetivamente para a melhoria da qualidade de vida do paciente.

▶ Educação pesquisa
- O farmacêutico adquire e mantém o conhecimento atual em farmacologia, farmacoterapia e prática da atenção farmacêutica.

▶ • Alocação de recursos
- O farmacêutico considera recursos necessários para o planejamento e execução do cuidado.

A farmácia clínica deve ir além de uma questão simplesmente ideológica, que proporcione encanto pelo que pode produzir, mas precisa também se justificar quanto ao aspecto funcional e econômico. São necessários investimentos, conforme dito anteriormente no que se refere a alocação de recursos. Todavia, um serviço de farmácia clínica bem estruturado traz a médio ou longo prazo, retorno sobre o investimento realizado. Estes resultados podem ser demonstrados pela maior resolutividade dos tratamentos, redução de tempo de internação dos pacientes, maior adesão aos protocolos clínicos, redução no número e frequência das glosas, redução no consumo dos medicamentos, redução nos custos associados às RAM, redução das interações medicamentosas de impacto clínico, além de melhoria na qualidade do serviço prestado.

O Conselho regional de farmácia do estado de São Paulo (CRF-SP) define a Farmácia Clínica como *uma área da farmácia voltada à ciência e prática do uso racional de medicamentos, na qual os farmacêuticos prestam cuidado ao paciente, de forma a otimizar a farmacoterapia, promover saúde e bem-estar e prevenir doenças.*

O Farmacêutico Clínico está apto a identificar sinais e sintomas, implementar, monitorar a terapia medicamentosa e orientar o paciente, atuando em conjunto com outros profissionais de saúde visando a efetividade do tratamento. Exige um amplo conhecimento em práticas terapêuticas, aliado a capacidade de julgamento e tomada de decisão.

Relação terapêutica – paciente – farmacêutico

A relação terapêutica é uma parceria ou aliança entre o prático e o paciente formada com a finalidade de otimizar a experiência medicação do paciente.

O que é importante nesta relação?
- Os Pacientes são a principal fonte de informação.
- Influenciar positivamente as decisões do paciente.
- Pacientes como *Decision Maker*.
- aprender com o paciente o impacto real da terapia medicamentosa.
- Use o paciente como professor!

O processo de cuidado ao paciente:

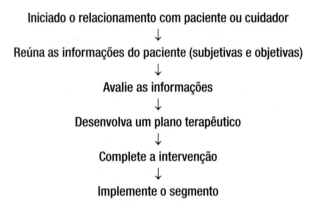

## Serviços clínicos farmacêuticos

O farmacêutico clínico, no âmbito das suas atribuições, exerce atividades (serviços) que apresentam impacto direto na farmacoterapia. Estas atividades são basicamente estruturadas com objetivo de:
- Interpretar e validar as prescrições dos medicamentos seguindo uma prescrição médica.
- Monitorar as farmacoterapias.
- Gerenciar as farmacoterapias. Exemplo: *Stewardship* de antimicrobianos.

- Realizar avaliação farmacocinética.
- Exercer atividades de Farmacovigilância.
- Realizar educação continuada para profissionais de saúde.
- Realizar educação sanitária para pacientes e cuidadores.
- Fornecer informações sobre medicamentos.
- Realizar visitas clínicas.
- Participar de *rounds* de discussão de casos.
- Realizar e incentivar a elaboração de estudos de utilização de medicamentos.
- Atuar em estudos de pesquisa clínica.

A resolução 585 do Conselho Federal de Farmácia (CFF) publicada em 2013 descreve as atribuições clínicas do farmacêutico, a seguir:

- Estabelecer e conduzir uma relação de cuidado centrada no pacientes;
- Desenvolver, em colaboração com os demais membros da equipe de saúde, ações para a promoção, proteção e recuperação da saúde, e a prevenção de doenças e de outros problemas de saúde;
- Participar do planejamento e da avaliação da farmacoterapia, para que o paciente utilize de forma segura os medicamentos de que necessita, nas doses, frequência, horários, vias de administração e duração adequados, contribuindo para que o mesmo tenha condições de realizar o tratamento e alcançar os objetivos terapêuticos;
- Analisar a prescrição de medicamentos quanto aos aspectos legais e técnicos;
- Realizar intervenções farmacêuticas e emitir parecer farmacêutico a outros membros da equipe de saúde, com o propósito de auxiliar na seleção, adição, substituição, ajuste ou interrupção da farmacoterapia do paciente;
- Participar e promover discussões de casos clínicos de forma integrada com os demais membros da equipe de saúde;
- Prover a consulta farmacêutica em consultório farmacêutico ou em outro ambiente adequado, que garanta a privacidade do atendimento;
- Fazer a anamnese farmacêutica, bem como verificar sinais e sintomas, com o propósito de prover cuidado ao paciente;
- Acessar e conhecer as informações constantes no prontuário do paciente;
- Organizar, interpretar e, se necessário, resumir os dados do paciente, a fim de proceder à avaliação farmacêutica;
- Solicitar exames laboratoriais, no âmbito de sua competência profissional, com a finalidade de monitorar os resultados da farmacoterapia;

- Avaliar resultados de exames clínico-laboratoriais do paciente, como instrumento para individualização da farmacoterapia;
- Monitorar níveis terapêuticos de medicamentos, por meio de dados de farmacocinética clínica;
- Determinar parâmetros bioquímicos e fisiológicos do paciente, para fins de acompanhamento da farmacoterapia e rastreamento em saúde;
- Prevenir, identificar, avaliar e intervir nos incidentes relacionados aos medicamentos e a outros problemas relacionados à farmacoterapia;
- Identificar, avaliar e intervir nas interações medicamentosas indesejadas e clinicamente significantes;
- Elaborar o plano de cuidado farmacêutico do paciente;
- Pactuar com o paciente e, se necessário, com outros profissionais da saúde, as ações de seu plano de cuidado;
- Realizar e registrar as intervenções farmacêuticas junto ao paciente, família, cuidadores e sociedade;
- Avaliar, periodicamente, os resultados das intervenções farmacêuticas realizadas, construindo indicadores de qualidade dos serviços clínicos prestados;
- Realizar, no âmbito de sua competência profissional, administração de medicamentos ao paciente;
- Orientar e auxiliar pacientes, cuidadores e equipe de saúde quanto à administração de formas farmacêuticas, fazendo o registro destas ações, quando couber;
- Fazer a evolução farmacêutica e registrar no prontuário do paciente;
- Elaborar uma lista atualizada e conciliada de medicamentos em uso pelo paciente durante os processos de admissão, transferência e alta entre os serviços e níveis de atenção à saúde;
- Dar suporte ao paciente, aos cuidadores, à família e à comunidade com vistas ao processo de autocuidado, incluindo o manejo de problemas de saúde autolimitados;
- Prescrever, conforme legislação específica, no âmbito de sua competência profissional;
- Avaliar e acompanhar a adesão dos pacientes ao tratamento, e realizar ações para a sua promoção;
- Realizar ações de rastreamento em saúde, baseadas em evidências técnico científicas e em consonância com as políticas de saúde vigentes.

Por mais que possa parecer desconexo, a prática da Farmácia Clínica requer gestão, sendo necessário que o farmacêutico esteja devidamente preparado para colocar em prática as estratégias pertinentes ao processo.

A partir de mecanismos de controle gerenciais, resultados serão esperados e depois serão aferidos a fim de buscar compatibilização entre metas esperadas e resultados obtidos.

A Farmácia clínica pode proporcionar à Gestão hospitalar:
- Redução no número de glosas
- Redução de tempo de internação
- Maior adesão aos protocolos
- Redução da frequência de interações medicamentosas
- Redução da frequência e intensidade de reações adversas.

## Farmacêutico Clínico na Unidade de Terapia Intensiva (UTI)

O farmacêutico clínico atua nas mais diversas especialidades e serviços (geriatria, pediatria, gerenciamento de antimicrobianos-Stewardship, etc), ou mesmo em situações específicas, como aquelas relacionadas a determinadas farmacoterapias. Ex: no uso de anticoagulantes.

Em outubro de 2019 foi publicada resolução que trata da atuação do farmacêutico clínico em unidades de terapia intensiva (UTI), pelo Conselho Federal de Farmácia. Por meio da Resolução, foram descritas quais são as atribuições do farmacêutico clínico em UTI. Os farmacêuticos que atuam em UTI integram as equipes que realizam as visitas multiprofissionais, participam dos *"rounds"* de discussão clínica de cada caso, avaliam as prescrições e verificam quais os medicamentos são necessários conforme as necessidades, além disso atuam em toda a cadeia da assistência farmacêutica dentro da UTI. As ações do farmacêutico clínico na UTI, conforme a Resolução 675 do CFF são: Prevenir, identificar, avaliar, intervir e monitorar incidentes associados aos medicamentos e a outros problemas referentes à farmacoterapia e demais produtos utilizados na assistência ao paciente; Integrar a equipe multiprofissional da UTI; Estabelecer uma relação de cuidado centrado no paciente; Participar das visitas multiprofissionais, discutindo os casos dos pacientes e colaborando com a elaboração do plano terapêutico, conforme a rotina da unidade; Promover a integração entre a unidade de terapia intensiva e a farmácia hospitalar; Acessar, conhecer, interpretar, organizar e sintetizar as informações constantes no prontuário, a fim de proceder à avaliação do paciente; Conhecer as condições biopsicossociais do paciente; Fazer a anamnese farmacêutica, incluindo a história da doença atual, comorbidades, hábitos de vida, alergias conhecidas, uso prévio de medicamentos, entre outros; Fazer a conciliação de medicamentos; Analisar a prescrição do paciente quanto aos aspectos legais e técnicos, de modo a promover o uso adequado de medicamentos, nutrientes e de outros produtos para a saúde;

Para que seja possível a obtenção de resultados mensuráveis com a implantação da farmácia clínica recomenda-se que as ações sejam baseadas em alguns pilares, os quais descrevemos abaixo. Importante, não há uma regra quanto à necessidade de ordem cronológica de implantação, mas sabemos que alguns tópicos estão diretamente correlacionados, portanto são interdependentes.

- Seleção e padronização de medicamentos
- Atenção farmacêutica.
- Uso racional de medicamentos
- Seguimento farmacoterapêutico
- Participação em comissões hospitalares
- Educação continuada
- Centro de informação de medicamentos

O Farmacêutico que deseja atuar em farmácia clínica precisa estar apto e isso requer habilidades e competências, sendo algumas delas muito específicas. É desejável que possua formação fortemente embasada em:

- Fisiologia, patologia
- Farmacologia básica e clínica,
- Farmacoterapêutica
- Toxicologia
- Farmacocinética clínica
- Interpretação de exames laboratoriais
- Farmacoepidemiologia
- Farmaeconomia, economia em saúde
- Saúde pública
- Análise crítica da literatura
- Formulação e evolução de Projetos
- Além disso, são necessárias as seguintes habilidades:
- Comunicação efetiva
- Manejo de conflitos
- Criatividade
- Espírito empreendedor
- Disposição para aprendizado diário

O gestor farmacêutico realiza a implantação da farmácia clínica seguindo modelos pré-formatados de seguimento farmacoterapêutico

(SFT). Entretanto é importante ressaltar que o Brasil possui modelos próprios, os quais apresentam resultados muito interessantes, sendo assim não há a necessidade de vinculação a plataformas consideradas como padrão: norte-americanos, chilenos ou espanhóis.

O SFT deve considerar:
- Atividade centrada no paciente/usuário de medicamentos, buscando os melhores desfechos de tratamento.
- O contexto histórico do desenvolvimento desta prática farmacêutica, isto é, resgatar a profissão farmacêutica como parte de ações clínicas voltadas aos pacientes.
- As atividades necessárias para sua implantação nos sistemas de saúde, sejam eles, público ou privados.

O Consenso Brasileiro de Atenção Farmacêutica, de 2002, Oficina "Trilhando Caminhos", afirma que o SFT:

*"É um componente da Atenção Farmacêutica e configura um processo no qual o farmacêutico se responsabiliza pelas necessidades do usuário relacionadas ao medicamento, por meio da detecção, prevenção e resolução de Problemas Relacionados aos Medicamentos (PRM), de forma sistemática, contínua e documentada, com o objetivo de alcançar resultados definidos, buscando a melhoria da qualidade de vida do usuário".*

Atenção Farmacêutica (Brasil).

"É um modelo de prática farmacêutica, desenvolvida no contexto da Assistência Farmacêutica.

Compreende atitudes, valores éticos, comportamentos, habilidades, compromissos e corresponsabilidades na prevenção de doenças, promoção e recuperação da saúde, de forma integrada à equipe de saúde. É a interação direta do farmacêutico com o usuário, visando uma farmacoterapia racional e a obtenção de resultados definidos e mensuráveis, voltados para a melhoria da qualidade de vida. Esta interação também deve envolver as concepções de seus sujeitos, respeitadas as suas especificidades biopsicossociais, sob a ótica da integralidade das ações de saúde".

- ▶ Os métodos mais conhecidos são: SOAP(*Subjective, objective, assessment, plan*), PWDT (*Pharmacist´s Workup of drug Therapy*), TOM (*Therapeutic Outcomes Monitoring*), DÁDER.
- ▶ SOAP: Trata-se de um formato de documento utilizado para documentar a situação de saúde dos pacientes de forma estruturada e organizada.

Provém de um acrônimo (*Subjective, objective, assessment, plan*), que está diretamente relacionado com um problema de saúde, sendo:
– S – Informações subjetivas
– O – Informações objetivas (do paciente)
– A – Avaliação do problema
– P – Plano de Atenção.

Diferente dos outros métodos de SFT, o SOAP não foi desenvolvido originariamente para utilização por farmacêuticos, já era, portanto, usado para abordagem médica. O SOAP não dispõe de um formulário próprio para documentar as informações do SFT, o que exige mais experiência e conhecimento do farmacêutico. Não há exatamente um roteiro a ser preenchido!

▶ Informações subjetivas: As informações coletadas não são objetivas, sendo assim busca-se dados sobre a farmacoterapia e quais os medicamentos envolvidos. Os dados obtidos colaboram para uma análise clínica em relação ao grau de severidade do paciente, como por exemplo, estágio da doença. Podemos citar como parte destas informações: queixa principal, histórico familiar, medicamentos utilizados anteriormente.

▶ Informações objetivas: São informações coletadas: exames laboratoriais, avaliações físicas, sinais vitais, temperatura, pressão arterial, reações adversas a medicamentos.

▶ Avaliação: Identificação de possíveis RAM e prováveis causas. Nesta etapa serão realizadas intervenções farmacêuticas.

▶ Plano de Atenção: Momento em que são empregadas medidas educacionais, mudanças de hábitos de vida, alterações na farmacoterapia.

▶ **TOM –** *Therapeutic Outcomes Monitoring*

Trata-se de um método muito apropriado para ser utilizado em farmácia comunitárias, sendo considerado também sistemático, com boa estruturação e muito dinâmico, o que facilita seu uso. O método TOM visa a melhoria contínua da Farmacoterapia e é bastante usado em doenças específicas, necessitando da elaboração de formulários para cada tipo de atendimento. Esse sistema necessita para sua realização, da participação do Farmacêutico, do Médico e do Paciente. Seu objetivo principal é a correção de eventual PRM detectado.

▶ **TOM –** *etapas*:
a) Coleta, interpretação e registro de dados relevantes do paciente: nessa etapa, atentar-se para o histórico médico, terapêutico e social

do paciente. Essas informações propiciam ao farmacêutico conhecer sobre a farmacoterapia e enfermidade, além de estimar a adesão e identificar prováveis PRM;

b) Levantamento e registro dos objetivos terapêuticos do paciente: observar os objetivos clínicos (ponto de vista profissional) e relacionados à qualidade de vida (por meio do ponto de vista do paciente);

c) Verificação da aplicação do plano terapêutico: é importante verificar os medicamentos utilizados na terapia, observando PRM e peculiaridades do paciente;

d) Elaboração de um plano de monitorização: são coletadas e anotadas informações importantes para monitorar a evolução do paciente na busca do sucesso terapêutico;

e) Dispensação do(s) medicamento(s), orientação: conscientizar o paciente sobre a importância da adesão ao tratamento e cumprimento dos objetivos terapêuticos;

f) Implementação do plano de monitoramento: é desenvolvido o plano de monitoramento, com agendamento de novo encontro. As informações devem ser documentadas e os PRM avaliados e tratados.

- **PWDT – *Pharmacist's Workup of drug Therapy***
  Pensar como um profissional – *Pharmacotherapy* Workup
  Agir como um profissional – Prática padronizada
  Falar como um profissional – Vocabulário da prática

- Este método é baseado no desenvolvimento de raciocínio clínico e sistema de documentação adaptado à prática farmacêutica. Desta forma contribui para a identificação de PRM específicos de cada paciente. O PWDT foi desenvolvido na Universidade de Minnesota, nos anos 1990, nos EUA.

- Este procedimento, dirige as decisões do farmacêutico sobre o uso de medicamentos e demonstra como o conceito de Atenção Farmacêutica pode realmente ser aplicado a qualquer paciente em qualquer cenário de pratica.

- **PWDT – 7 passos**
  1. Recolher e interpretar a informação relevante do paciente, para determinar se este paciente possui PRM;
  2. Identificar PRM;
  3. Descobrir as metas terapêuticas desejadas;
  4. Descobrir as alternativas terapêuticas factíveis;

5. Selecionar e individualizar o regime terapêutico mais apropriado;
6. Implementar as decisões sobre o uso dos medicamentos;
7. Desenhar um plano de seguimento para alcançar as metas terapêuticas desejadas.

▶ **PWDT – PRM**
- INDICAÇÃO: problema de saúde
- EFETIVIDADE: dose, posologia, uso real, resposta
- SEGURANÇA: RAM, alergias ou sobre dose
- ADESÃO AO TRATAMENTO

## Método DÁDER

O Método Dáder de acompanhamento farmacoterapêutico foi proposto pelo Grupo de Investigação em Atenção Farmacêutica da Universidade de Granada (GIAF-UGR) em 1999.

Trata-se de uma estratégia simples, sem a necessidade de recursos excessivos, mas que traz resultados muito interessantes para a qualidade de vida dos pacientes.

▶ Aplicação do Programa DÁDER: para que o farmacêutico aprenda a prover atenção farmacêutica a seus pacientes de uma forma totalmente prática.
▶ Programa de educação continuada, em que os farmacêuticos cadastrados enviam formulários de intervenções realizadas em seus pacientes, recebendo certificados correspondentes a horas de formação.
▶ História farmacoterapêutica do paciente: problemas de saúde + medicamentos que utiliza.
▶ Estado situacional para prevenção dos PRM (problemas relacionados a medicamentos).
▶ Intervenções farmacêuticas/resultados obtidos.

O Programa Dáder é uma prática profissional que busca detectar PRM para prevenir e resolver resultados negativos associados à medicação. O programa implica em um compromisso, ocorre de forma continuada, sistematizada e deve ser todo documentado. Busca colaborar com a equipe de saúde e principalmente com o paciente. E finalmente tem como objetivo maior, alcançar resultados concretos que melhorem a qualidade de vida dos pacientes.

▶ Fases do programa:
- Oferta do serviço

- Primeira entrevista
- Estado de situação
- Fase de estudo
- Fase de avaliação
- Fase de intervenção
- Resultado da intervenção
- Novo estado de situação
- Entrevistas sucessivas

Resultados negativos associados à medicação e o ***III Consenso de Granada – 2007***: Os resultados negativos associados à medicação (RNM) podem ser definidos como resultados na Saúde do paciente (doente) não adequados ao objetivo da farmacoterapia e associados ao uso ou falha no proceso de utilização dos medicamentos.

Os RNM são classificados, conforme descrito na tabela a seguir:

| Classificação dos resultados negativos associados à medicação | |
|---|---|
| A necessidade | Problema de saúde não tratado |
|  | Efeito de medicamento desnecessário |
| B efetividade | Inefetividade não quantitativa |
|  | Inefetividade quantitativa |
| C segurança | Insegurança não quantitativa |
|  | Insegurança quantitativa |

Para a execução de todas as atividades que um projeto de Farmácia clínica pressupõe, a gestão é imprescindível. Não há como se implantar e manter atividades clínicas sem que antes haja planejamento estratégico, organização e estabelecimento de metas. Portanto, é um grande erro separar gestão de clínica, gestão de atividades técnicas e gestão de serviços. A gestão é o alicerce que suporta as práticas e possibilita dentre outras coisas a inovação.

# Bibliografia

AMERICAN SOCIETY OF HEALTH-SYSTEM PHARMACISTS. ASHP guidelines on pharmacy planning for implementation of computerized provider- orderentry systems in hospitals and health systems. Am J Health-Syst Pharm. 2011; 68:e9-31.

ANTUNES, José Leopoldo Ferreira. *Hospital: instituição e história social*. São Paulo: Letras & Letras, 1991.

BERTAGLIA, P. R. *Logística e gerenciamento da cadeia de abastecimento*. São Paulo: Atlas, 2001.

BONASSA, Edva Moreno Aguilar. *Enfermagem em quimioterapia*. São Paulo: Atheneu, 1996.

BURMESTER, Haino. *Manual de gestão hospitalar pelo CQH. Livro de casos práticos*. São Caetano do Sul: Yendis Editora, 2009.

CARRETONI, Enio. *Administração de materiais: uma visão sistêmica*. Campinas: Editorial Psy, 1993.

CARVALHO JÚNIOR, Saulo & Macedo, Sonja Helena Madeira. *Logística farmacêutica comentada*. 1ª ed. São Paulo: Livraria e Editora Medfarma, 2010.

CAVALLINI, Miriam Elias & BISSON, Marcelo P. *Farmácia hospitalar: um enfoque em sistemas de saúde*. São Paulo: Manole, 2002.

COMPROMISSO COM A QUALIDADE HOSPITALAR - CQH. Disponível em http://www.cqh.org.br/portal/pag/area.php?p_narea=97. Acessado em 30/04/2013.

CONSENSO BRASILEIRO DE ATENÇÃO FARMACÊUTICA: PROPOSTA/ Adriana Mitsue Ivama ... [*et al.*]. - Brasília: Organização Pan-Americana da Saúde, 2002. 24 p. ISBN 85-87 943-12-X.

CONSÓRCIO BRASILEIRO DE ACREDITAÇÃO E SERVIÇOS DE SAÚDE. *Padrões de acreditação da Joint Commission International para hospitais*. 3ª ed. Rio de Janeiro: CBA, 2008.

CONSELHO FEDERAL DE FARMÁCIA. RESOLUÇÃO nº 492 de 26 de novembro de 2008. Disponível em http://www.cff.org.br/userfiles/file/resoluções/res492_08.pdf. Acessado em 15/08/2015.

CONSELHO FEDERAL DE FARMÁCIA. RESOLUÇÃO nº 568, de 06 de dezembro de 2012. Disponível em http://www.cff.org.br/userfiles/file/resoluções/568.pdf. Acessado em 07/09/2015.

CONSELHO REGIONAL DE FARMÁCIA. Cartilha de Farmácia Hospitalar. Disponível em http://www.crfsp.org.br/index.php?option=com_content&view=article&id=8248-cartilha-de-farmacia-hospitalar.html. Acessado em 25/06/2023.

CONSELHO REGIONAL DE FARMÁCIA. Grupo Técnico de trabalho de Farmácia Clínica. Disponível em http://portal.crfsp.org.br/institucional/grupos-tecnicos--de-trabalho/grupos-tecnicos-de-trabalho-2.html?id=7341. Acessado em 01/06/2023.

COUTO, Renato Camargos & PEDROSA, Tania Moreira Grillo. *Hospital: acreditação e gestão em saúde*. Rio de Janeiro: Guanabara Koogan, 2011.

DAUPHIN, A. & PRADEAU, D. *Hospitalière dans les hôpitaux de Paris*. Paris: Alínea Reims, 1995.

DESAFIOS DE QUALIDADE EM SAÚDE NO BRASIL 2022. **Os elementos fundamentais para medir a qualidade das instituições hospitalares**. Disponível em: https://www.anahp.com.br/pdf/manual-desafios-qualidade-em-saude-no-brasil.pdf

DIAS, Mário & COSTA, Roberto Figueiredo. *Manual do comprador*. São Paulo: Edicta, 1990.

FRANKLIN, *et al*. QualSafHealth Care. 2007;16:279-84.

GENNARO, A. R. *Remington: the Science and Practice of Pharmacy*. 19ª ed. Easton: Mack Publishing Company, 1995.

GIOVANONI, A. **Evolução dos Atributos de Qualidade na Gestão da Saúde**. Disponível em: https://qualidadeparasaude.com.br/atributos-de-qualidade-na-gestao-da-saude/

GOMES JR., Manuel de Souza. *ABC da farmácia*. 2ª ed. São Paulo: Andrei, 1992.

GOMES, Maria José V. de M. & REIS, Adriano M. M. *Ciências farmacêuticas: uma abordagem em farmácia hospitalar*. São Paulo: Atheneu, 2003.

GONÇALVES, Ernesto Lima (org.). *O hospital e a visão administrativa contemporânea*. São Paulo: Pioneira, 1983. (Biblioteca Pioneira de Administração e Negócios.)

Grupo de investigação em Cuidados Farmacêuticos da Universidade Lusófona. Introdução ao seguimento farmacoterapêutico. V.02.07. Disponível em https://www.saude.sp.gov.br/resources/ipgg/assistencia-farmaceutica/gicuf-introducaoaoseguimentofarmacoterapeutico.pdf acessado em 01 de junho de 2023.

HUNTER, James C. Trad. Maria da Conceição Fornos de Magalhães. *O monge e o executivo*. Rio de Janeiro: Sextante, 2004.

INSTITUTO QUALISA DE GESTÃO – Health Services Accreditation. Disponível em http://www.iqg.com.br/interna.php?id=2. Acessado em 1/09/2015.

JÚNIOR, S. C. & MACEDO, S. H. M. *Logística farmacêutica geral: da teoria à prática*. São Paulo: Contento, 2012.

KFOURI, Michel. *Terapia nutricional parenteral: alguns aspectos importantes*. São Paulo: Pharmacia Artesanal, 1988.

KOPPEL, *et al*. JAMA. 2005;293(10):1197-1203.

LIMA, Darcy. *História da medicina*. Rio de Janeiro: Editora Médica e Científica, 2003.

MINISTÉRIO DA SAÚDE. Portaria nº 4.283, de 30/12/2010, publicada no *DOU* de 31/12/2010. Disponível em http://portal.saude.gov.br/portal/arquivos/pdf/Portaria_MS_4283_30_12_2010.pdf. Acessado em 10/1/2011.

MOTTA, Fernando C. P. *Teoria geral da administração*. 10ª ed. São Paulo: Pioneira, 1982.

NAVARRO, J. *Dispensación por dosis unitarias*, XXIX Congresso Nacional de la Asociación Española de Farmacéuticos de Hospitales, Alicante, 1984.

PATERNO, Dario. *Administração de materiais: almoxarifado hospitalar*. São Paulo: União Social Camiliana, s/d.

PEREIRA, Gerson Augusto. *Material médicohospitalar*. Rio de Janeiro: Guanabara Koogan, 1997.

POTZSCH, Regine. *A farmácia: uma janela para a história*. Basileia: Roche, 1996.

PREFEITURA DO MUNICÍPIO DE SÃO PAULO/Secretaria Municipal da Saúde/Centro de Formação dos Trabalhadores em Saúde. *Manual de estruturação de almoxarifados de medicamentos e produtos para a saúde e de boas práticas de armazenamento e distribuição*. São Paulo: PMSP/SMS/Cefor, 2003.

QMENTUM INTERNATIONAL ACCREDITATION PROGRAM. Disponível em http://www.internationalaccreditation.ca/accreditation/AccreditationProgram/qiap.aspx. Acessado em 28/09/2015.

RESOLUÇÃO ANVISA nº 54, de 10 de dezembro de 2013, publicada no *DOU* de 11/12/2013. Disponível em http://pesquisa.in.gov.br/imprensa/jsp/visualiza/index.jsp?data=11/12/2013&jornal=1&pagina= 76&totalArquivos=168.

RESOLUÇÃO ANVISA nº 306, de 7 de dezembro de 2004.

RESOLUÇÃO CONAMA nº 358, de 29 de abril de 2005, publicada no *DOU* de 4/5/2005.

RESOLUÇÃO CONSELHO FEDERAL DE FARMÁCIA nº 449. Disponível em http://www.cff.org.br/userfiles/file/resolucoes/449.pdf. Acessado em 30/08/2015.

RESOLUÇÃO CONSELHO FEDERAL DE FARMÁCIA nº 585. Disponível em https://www.cff.org.br/userfiles/file/resolucoes/585.pdf. Acessado em 01/06/2023.

RESOLUÇÃO CONSELHO FEDERAL DE FARMÁCIA nº 675. Disponível em https://pesquisa.in.gov.br/imprensa/jsp/visualiza/index.jsp?data=21/11/2019&jornal=515&pagina=128&totalArquivos=133. Acessado em 30/05/2023.

RODRIGUES, Marcus Vinicius *et al*. *Qualidade e acreditação em saúde*. Rio de Janeiro: Editora FGV, 2011.

SECRETARIA DE ESTADO DA SAÚDE DE SÃO PAULO, Coordenação dos Institutos de Pesquisa. Ficha de notificação de eventos adversos aos medicamentos, 2005. Disponível em http://www.cvs.saude.sp.gov.br/.

SOCIEDADE BRASILEIRA DE FARMÁCIA HOSPITALAR. *Padrões mínimos para farmácia hospitalar*. Goiânia, 2007. Disponível em http://www.sbrafh. org.br/site/public/temp/4f7baaa6b63d5.pdf. Acessado em 28/09/2015.

STONE, James A. F & FREEMAN, R. Edward. *Administração*. 5ª ed. Rio de Janeiro: LTC, 1999.

STRAND, L. M. *et al*. *Cost of Developing a Computerized Drug File*. Vol. 38.Bethesda: American Journal of Hospital Pharmacy, 1981.

WITZEL, Morgen. *50 grandes estrategistas da administração*. São Paulo: Contexto, 2005.

# Índice geral

Abordagem sistêmica, 41
Acuracidade do inventário, 72
Administração, 27
Administração atual: gestão, 43
Administração de estoques em órgãos públicos, 83
Administração e suas principais teorias, 37
Administrar com qualidade, 28
Agradecimentos, 2
Almoxarifado, 20
Área, 130
Armazenamento, 97
Atenção à saúde, 12
Bibliografia, 200
Características da licitação, 92
Categorias A, B, C/X, Y, Z, 75
Categorias X, Y e Z (curva da criticidade), 78
Classificação dos hospitais: principais parâmetros, 13
Comissão de Controle de Infecção Hospitalar (CCIH), 163
Comissão de Farmácia e Terapêutica (CFT), 182
Comissão de Farmacovigilância, 180
Comissões hospitalares, 163
Como dispor os medicamentos na farmácia hospitalar, 105
Componentes da seleção e padronização de medicamentos, 146
Compras em farmácia hospitalar, 87
Compras em empresas públicas, 89
Conselho e/ou administração, 17
Controle, 28
A administração de estoques em órgãos públicos, 83
Corpo clínico, 18
Critérios para produção/manipulação, 139
Curvas ABC, 74
Custos de estoque, 81
Dáder, 198

Departamento de compras: centralizado ou descentralizado? 88

Diretrizes de controle de estoque, 53

Dispensação de medicamentos pela farmácia hospitalar, 148

Dose coletiva, 155

Dose individualizada, 156

Dose unitária – Sistema de distribuição de medicamentos por dose unitária (SDMDU), 157

Enfermagem, 19

Equipe Multidisciplinar de Terapia Antineoplásica (EMTA), 173

Equipe Multidisciplinar de Terapia Nutricional (EMTN), 167

Escola Quantitativa – Management Science, 41

Especulação com estoques, 60

Estoque e os materiais, 52

Estrutura operacional, 89

Etapas para a elaboração da padronização de medicamentos, 145

Evolução, 109

Farmacêutico clínico na UTI, 193

Farmácia hospitalar brasileira, 116

Farmácia hospitalar – âmbito, 117

Farmácia hospitalar – conceitos, 118

Farmácia hospitalar e as ciências farmacêuticas (A), 108

Farmácias satélites, 131

Fatores extrínsecos e intrínsecos que alteram consumo médio, 79

Figuras do fluxo logístico, 51

Flutuação dos estoques, 58

Fordismo – Teoria revolucionária, 39

Fornecedores, 54

Funções do Tribunal de Contas, 84

Fundamentos técnicos/legais para o armazenamento, 102

Gerenciamento de recursos materiais, 49

Gerenciamento dos resíduos de serviços de saúde, 185

Gestão de farmácias hospitalares, 26

Gestão farmacêutica e os indicadores, 31

Glossário logístico, 48

Habilitações para proponentes, 91

Impacto econômico dos estoques, 70

Indicadores da administração de materiais, 81

Indicadores na farmácia clínica, 34
Instituição hospitalar, 9
Introdução, 4
Inventário, 70
Liderança, 28
Liderança: modelo de gestão atual, 45
Localização da farmácia hospitalar, 129
Logística dos medicamentos e dos materiais médico-hospitalares, 47
Materiais de estoque em um hospital, 66
Medicamento ideal, 188
Modelo de edital, 96
Moderna administração hospitalar, 42
Normatização dos estoques, 67
Nota do editor, 1
Objetivos da dose individualizada, 156
Objetivos da padronização de medicamentos, 143
Objetivos do estoque, 52
Organização, 28
Organização dos sistemas de dispensação, 150
Organização interna do hospital, 16
Outros serviços, 22
Papel do administrador farmacêutico, 30
Penalidades para os servidores públicos, 85
Perfil do farmacêutico hospitalar, 129
Previsão de estoque, 72
Problemas com fornecedores na área da saúde, 55
PWDT, 197
Pronto-socorro, 135
Recebimento de produtos, 82
Recursos humanos no estoque, 107
Relação com a enfermagem: sintonia e diplomacia, 162
Relação com a religião, 109
Relação terapêutica farmacêutico-paciente, 190
Relacionamento com a administração superior, 163
Relacionamento com o corpo clínico (médicos), 162
Relacionamento institucional, 163
Relacionamento multiprofissional, 161

Riscos de contaminação, 172
Rotatividade dos estoques, 61
Seleção, padronização e produção/manipulação de medicamentos, 138
Seleção e padronização de medicamentos, 142
Serviço de arquivamento médico (SAME), 22
Serviço de nutrição e dietética (SND), 21
Serviço social, 23
Serviços clínicos farmacêuticos, 190
Serviços técnicos, 20
SOAP, 195
Surgimento de um novo medicamento, 141
Tecnologia da informação (TI), 23
Tempo de entrega dos produtos, 53
Tempo e custos, 140
Teoria clássica das organizações, 39
Teoria da Administração Científica, 38
Teorias de transição – a Escola Comportamental, 40
Tipos de sistemas de dispensação, 155
TOM, 196
Um breve histórico dos hospitais, 4
Unidade de terapia intensiva (UTI) e centro cirúrgico, 132
Unidades de exames, 21
Uniformidade dos procedimentos, 154
Uso racional de medicamentos, 139
Valores de estoque, 80